“イヤな他人”も“ダメな自分”も一瞬で変えられる

# 「性格」の
TRICK OF PERSONALITY
# カラクリ

"Irritated others"
and
"No good self"
can be changed
in a moment

認知科学者／カーネギーメロン大学博士
苫米地英人
Tomabechi Hideto

誠文堂新光社

# はじめに

私たち人間は一人ひとり、異なる「個性」を持っています。
みなさんも、身のまわりの人を思い浮かべてみてください。
明るい人、暗い人、真面目な人、不真面目な人、怒りっぽい人、穏やかな人……。
当然のことながら、それぞれに異なる特徴があるはずです。

そしてみなさんは、こうした違いを「性格の違い」として捉えているのではないかと思います。

人間には、遺伝等により持って生まれた資質や気質のようなものがあり、それが性格のベースになっている。そのように考えている人がほとんどでしょうし、もしかしたら「脳科学的な見地から、苫米地が性格のメカニズムを解き明かす」内容だと思い、本書を手に取られた方もいるかもしれません。

しかし、そうした考えは、今すぐに捨ててください。

たとえば、あなたが、ご自身を「明るい性格」だと考えているとします。

その根拠はどこにあるのでしょうか。

「楽観的だから」「よく笑うから」「人からよく『明るい』と言われるから」などを根拠とする人もいるかもしれませんが、「楽観的」「よく笑う」というのは、あくまでも、あなたの思考や行動の傾向にすぎませんし、ときにはひどく落ち込むこと、悲観的になることもあるでしょう。

また他人も、あなたの行動の一部だけを見て、しかもその人の主観的な基準に従って、「明るい」という評価を下しているだけです。

このように突き詰めて考えると、私たちがふだん、どれほど「性格」という言葉を、その正体もよくわからないまま、あいまいに使っているかが、おわかりいただけるのではないかと思います。

では、私たちが今まで「性格」と呼んでいたものの正体は何なのか。

何によって、どのように作られたものなのか。

それを解き明かすのが、本書の大きな目的です。


人間の脳の前頭前野には、過去の記憶から作られた「ブリーフシステム」と呼ばれる認識のパターンが蓄積されており、それによって人の選択や行動が左右されています。

たとえば、過去にコーヒーを飲み、「苦くてまずい」と感じた人の前頭前野には「コーヒーを飲みたくない」というブリーフシステムが作られます。

するとその人は、コーヒーと紅茶のいずれかを選ぶ場合、無意識のうちにコーヒーを避け、紅茶を選ぶようになるのです。


同様に、過去の経験から「自分は明るい性格である」という自己イメージや、「明るいほうが好かれやすい」という思いを持つに至った人の前頭前野には、「自分は明るくふるまうべきである」といったブリーフシステムができ、それにふさわしい選択や行動をするようになります。

これにより、「自分は明るい性格である」という自己イメージがますます強化され、周りの人もその人の言動を見て「この人は明るい性格だ」との評価を下すことが多くなります。

「性格」と呼ばれるものは、こうしてできあがっていくのです。

本書のＰＡＲＴ１では、世の中で「性格」と呼ばれているものの正体や、それができあがるプロセスなどについて、より詳しく説明しています。またＰＡＲＴ２、ＰＡＲＴ３では、マイナスの自己イメージに縛られている人、思考や行動の傾向を変えたいと考えている人へのヒントを示し、ＰＡＲＴ４では、日本の歴史において、教育が日本人の前頭前野にどのようなブリーフシステムを作り、思考や行動の傾向にどのような影響を与えているかを明らかにしました。

それではさっそくみなさんを、「性格」をめぐる旅にお連れしましょう。

# Contents［目次］



## Part 1 「性格」とは何か

# Part 2
# 「性格」についての悩みを、本気で解決する方法

# Part 3 なりたい自分になる具体的な道筋

Part 4

# 日本人の「性格」は、こうしてつくられた

Part 1

# 「性格」とは何か

## 「性格」は存在しない

最初に、みなさんにお尋ねします。

あなたは、ご自分をどのような性格だと思っていますか？


おそらく、みなさんは次のように答えるでしょう。

「どちらかといえば明るい性格だと思います」

「真面目で几帳面な性格です」

「人からよく、大胆な性格だといわれます」

答えは、もちろん人によって異なると思いますが、いずれにせよ、ほとんどの人が「自分は〜な性格である」という、なんらかの認識を持っているはずです。


また、心理学の世界では学者たちが、人の性格を分類するさまざまな方法を生み出していますし、世の中には、簡単な質問への回答をもとに、性格をいくつかのパターンに分類する「性格診断テスト」や、生年月日、血液型等による「性格診断占い」なども数多く存在します。

性格に関する研究が行われたり、テストや占いなどが作られたりするのも、「人にはそれぞれ、性格がある」という共通認識を、多くの人が持っているからです。

そして、みなさんは「性格」というものに対し、次のようなイメージを抱いているのではないかと思います。

- 性格は、人が生まれながらにして持ち合わせているものである
- 性格が、その人の行動を左右している
- 性格は、絶対的なものである
- 性格は、そう簡単には変わらない

よく会話の中で、「隠しごとができないのは、生まれつきの性格だから仕方がない」「面倒見のいい性格で、困っている人を見ると放っておけない」といった言葉を耳にするのも、こうしたイメージが前提にあるからでしょう。

実際、「性格」という言葉を辞書で引くと、たいてい「人が生まれつき持っている性質や気質」「その人の行動の仕方に現れる、特有の感情や意思の傾向」といった説明が書かれています。

**しかし、実は「性格」というものは存在しません。**
**「人が生まれつき持っている性質や気質」などないのです。**

みなさんが「性格」の存在を信じているのは、物心ついたときから、親や学校の先生に「この子は明るい性格だ」「真面目で責任感の強い性格だ」と言われて育ち、テレビや本、雑誌などで、「性格」という言葉が当たり前のように使われているのを見聞きしているからにすぎません。

このように書くと、みなさんは「そんなはずはない」と思うでしょう。

「私は楽観的だし、よく笑うし、誰とでもよく話す。一方で、友人の××さんは、無口だし、口を開けば悲観的なことを言うし、あまり笑わない。私は明るい性格だし、××さんは暗い性格だといえるのではないだろうか」

そうおっしゃる方もいるかもしれません。


でも、よく考えてみてください。

「性格」というものを、目で見ることはできませんし、脳のどこかに、「性格」というものが存在しているわけでもありません。

人類の長い歴史の中で、「人が生まれつき、性質や気質を持っている」ことを客観的な証拠に基づいて証明できた人は、一人もいないのです。

それに、「明るい性格の人」は常に明るいのでしょうか。

とてもショックなことがあれば、一時的に落ち込むこともあるでしょうし、環境や一緒にいる相手によっては、あまり笑わなかったり、無口になったりすることもあるでしょう。

逆に「暗い性格」と思われている人が、実は気の置けない人、趣味が合う人とはよく話したり笑ったり、いざというときに意外な強さや明るさを発揮したりするかもしれません。

人は誰でも、さまざまな面を持っています。

他人が見ているのは、その人のほんの一面でしかなく、本来、「この人は明るい性格である」「この人は暗い性格である」などと簡単に決めつけることはできないのです。

ただ、一方で、**人にはそれぞれ、「行動の仕方に現れる、特有の感情や意思の傾向」があるのもたしかです。**

たとえば、あなたに、次のような傾向があったとします。

「ときには悲観的になることもあるけれど、楽観的なことの方が多い」

「泣いたり怒ったりするよりも、笑うことの方が多い」

「無口なときもあるけれど、しゃべっている時間の方が長い」


もしかしたらあなたは、こうした傾向をもとに、「自分は明るい性格だ」と判断するかもしれません。


しかし、「楽観的にものを考える」「よく笑う」「よく話す」というのは、生まれつき持ち合わせている性質や気質ではありません。

**脳が後天的に獲得した「認識のパターン」に基づいた、「思考や選択、行動の傾向」にすぎないのです。**


ちなみに私は、この認識のパターンのことを「ブリーフシステム」と呼んでいます。

## 「性格」は存在しない

Point

- 「生まれつき持っている性格」は存在しない。
- 「明るい」「暗い」などの特性も、相手や場合によって変わる。
- 行動や意思の傾向は、「ブリーフシステム」によって決まる。

## ブリーフシステムが、人の選択や行動を決定する

それではここで、「ブリーフシステム」という耳慣れない言葉について、詳しく説明しましょう。

ブリーフとは「belief」、つまり「信念」のことです。

「信念」という言葉は、一般的には「人は社会に貢献するべきである」「親は無条件に子を愛し、子は親を大事にするべきである」「人には優しくするべきである」「弱者は守られるべきである」といった、個人個人が信じる「人間のあるべき姿」「社会のあるべき姿」を示すものとして使われています。

しかし、ここでいう「信念」は、そのような道徳的で崇高なもの、世間から「好ま

しい」とみなされるものだけに限定されません。

「この世はお金がすべてである」「自分さえよければいい」「社会的弱者は差別されて当然だ」といった反社会的なもの、世間から「好ましくない」とみなされるものであっても、**個人個人が強く信じて疑わない固定的な考えは、すべてその人の信念なのです。**

**ブリーフは、その人が物事を判断する際の基準となる「評価情報」である、ともいえるかもしれません。**

そして、ブリーフをもとにできあがった「自分はどういう人間なのか」「人前でどのようにふるまうか」「社会に対して自分はどう働きかけるか」といった、その人にとっての認識のパターンや無意識の行動を決めるシステムが、ブリーフシステムです。

なお、「信念」といっても、それらは自分の自由意思で獲得したものではなく、過去の情動記憶（感情を伴った記憶）や、過去に自分が受け入れた外部の言葉によって作られます。

つまり、ブリーフシステムとは、生まれたときからの経験や、親や教師、友人、メディアからの情報などによって摺《す》り込まれた認識の集合体だといえるでしょう。

もし、あなたが子どものころ、「コーヒーは苦くてまずい」と感じたとすると、その情動記憶は脳にインプットされ、「コーヒーはまずいから飲みたくない」といったブリーフシステムが作られます。

あるいは子どものころ、「コーヒーは、カフェインが多いから、飲んではダメ」と両親から言われたり、そうした一文を本や雑誌で読んだりしたなら、「コーヒーはカフェインが多くて体に悪いから、飲みたくない」といったブリーフシステムが作られます。

作られたブリーフシステムは、人間の脳の中で最も新しく進化した、知性を司る部位である「前頭前野」に側頭葉の個別な記憶とは独立してパターン化されて蓄積され、**人はそのブリーフシステムによって、無意識のうちに未来のことを予期・予想し、その予期・予想にしたがって、選択したり行動したりするのです。**

たとえば、「コーヒーは飲みたくない」というブリーフシステムを持つ人が、レストランなどで「コーヒーにしますか？　紅茶にしますか？」と尋ねられたときには、無意識のうちにコーヒーを避け、紅茶を選びます。

あるいは、子どものころから親に「いい学校に進学し、一流企業の社員か公務員になりなさい」と言われ続けた人は、知らず知らずのうちに、それを人生の目標とするでしょう。

たとえその人に音楽の才能があり、一時的に「ミュージシャンになれたらなあ」と思うことがあったとしても、「音楽で食べていけるはずがない」「自分にはそこまでの才能はない」と自らあきらめてしまうかもしれません。

このように、みなさんが「自主的に選んでいる」もしくは「特に意識せず、自然に選んでいる」と思っている選択や行動はすべて、他者によって植えつけられた思考や好みから形成されたブリーフシステムに基づいています。

同様に、「物事は楽観的に考えた方がいい」「できるだけ笑っていた方がいい」というブリーフを持つ人は、物事を悲観的に考えたり、泣いたり怒ったりするよりも、楽観的に考え、笑うことを選ぶでしょう。

「人間は、真面目に生きるのが一番である」というブリーフを持つ人は、常に真面目にふるまうことを選び、「自分さえ良ければいい」というブリーフを持つ人は、他人と利害がぶつかったとき、何よりも自分の利益を優先させることを選ぶでしょう。

もうおわかりでしょうか。

もし、あなたが「自分は明るい性格だ」と思っているとしても、それはあなたが、

「自分は明るい人間である、というブリーフ、自己イメージを持っている」
「自分は明るい人間としてふるまわなければならない、というブリーフシステムを持っている」

ということでしかありません。

親や教師から「物事は楽観的に考えた方がいい」「できるだけ笑っていた方がいい」と言われたこと、友だちから「あなたは、誰とでもよく話すし明るいね」と言われたこと、周りの人と自分を比べて「自分の方が明るい」と思ったこと……。

過去にあなたが受け入れた、そうした情報によって、あなたの中に「明るい方が好かれやすい」あるいは「自分は明るい人間である」「自分は、他人から『明るい人間だ』と思われているに違いない」といったブリーフが作られ、かつ「明るい人間」にふさわしいふるまいをしている。

それが、あなたの「明るい性格」の正体であり、生まれながらにして持ち合わせた性質でもなければ、「絶対的なもの」「簡単には変わらないもの」でもないのです。

ちなみに、「性格は遺伝する」「性格は遺伝によって決まる」というのは、世の中に流布している、「性格」に関する誤った認識の一つです。

世の中で「性格」だと思われているもの、すなわち、その人の思考や行動の傾向を決定するのは、成長の過程で後天的に作られたブリーフシステムであり、当然のことながら、遺伝子には、その情報は搭載されていません。

もちろん、親の言葉や家庭内のルール・習慣はブリーフシステムに強い影響を与えますから、家族同士で思考や行動の傾向が似ることはしばしばありますが、性格が遺伝することは、まずありえないのです。

ほぼ同じ遺伝子を持つ一卵性双生児でさえ、まったく異なる「性格」を持っていることを考えれば、おわかりいただけるのではないでしょうか。

## ブリーフシステムが、
## 人の選択や行動を決定する

**Point**

- ブリーフシステムとは、人が強く信じて疑わない固定的な考え。
- 信念は、過去の情動記憶や、過去に自分が受け入れた、外部の言葉によって作られる。

## 誰かの「性格」について話すことは、自己紹介にほかならない

では次に、『性格』に対する他人の評価」について考えてみましょう。

身のまわりの人に関して、「あの人は明るい性格だ」「あの人は暗い性格だ」「あの人は真面目だ」「あの人は不真面目だ」といった評価を下す、というのは、誰にでも経験のあることだと思います。

しかしそんなとき、私たちは決して、「性格」というものを絶対的かつ客観的な基準に基づいて評価しているわけではありません。

私たちはただ、「ブリーフシステムに基づいて明るくふるまっている人」「暗くふるまっている人」「真面目にふるまっている人」「不真面目にふるまっている人」の行動を見ているだけなのです。

しかも私たちは、その人のすべての行動を見ているわけではありません。

**人はそれぞれ、無数のブリーフシステムを持っており、中には、互いに矛盾するブリーフシステムもあります。**

たとえば、ある人が、以下の２つのブリーフシステムを、同時に持ち合わせていたとします。

**Ａ　自分は優しい人間であり、人に辛い思い、悲しい思いをさせたくない**

**Ｂ　自分は真面目な人間であり、与えられた仕事は、きちんと全《まっと》うしたい**

置かれている状況によっては、この２つのブリーフシステムは、特に矛盾することなく並び立つでしょう。

おそらく周りの人は、ＡとＢに基づく選択や行動の傾向から、この人を「優しく、仕事熱心な性格」と評価するはずです。

ところが、もしこの人が「会社の業績回復のために、同僚をリストラする」という職務を与えられたら、どうでしょう。

AとBの間に矛盾が生じ、この人は葛藤を抱えることになります。

その結果、AよりもBを優先させ、心を鬼にしてリストラを断行した場合、この人は「仕事熱心だけれど非情な性格」と評価されるでしょう。

逆に、BよりもAを優先させ、与えられた職務を放棄したら、この人は「優しいけれど無責任な性格」と評価されるかもしれません。

**複数のブリーフシステムのうち、どれが優先されるかによって、人の行動は変わりますし、周りの人が、その人のどの行動に注目するかによって、評価も変わるのです。**

そもそも、話している相手、一緒にいる相手が違えば、人のふるまいや行動も自《おの》ずと変わります。

みなさんも、家族や恋人の前で見せる顔と、仕事の場で見せる顔は違うでしょうし、家族が考えるあなたの「性格」と、会社の同僚が考えるあなたの「性格」は、当然異なるはずです。

また、同じ人が同じような行動をとっていても、置かれている環境が変われば、評価も変わります。

たとえば、どちらかといえばおとなしい人たちの中に、一人だけよく笑い、よく話す人がいれば、周りの人はその人を「明るい性格だ」「にぎやかな性格だ」と評価するでしょう。

しかし、その人が、より明るくにぎやかな人たちと一緒にいれば、同じように笑ったり、話したりしていても「おとなしい性格だ」と評価するかもしれません。

**「明るい」「にぎやか」「おとなしい」といった評価には、絶対的・客観的な基準がありません。**

**ほかの人との比較によって、相対的に導き出されるだけなのです。**

さらに、ある行動に対してどのような評価を下すかは、人によってまったく異なります。

たとえばAさんが、Bさん、Cさん、Dさんという3人の友人に、笑いながら次のような話をしたとします。

「いやあ、まいったよ。先週末、新聞の集金がうちに来てさ。いつも口座引き落としなのに、おかしいな……と思いながら4000円、払っちゃったんだけど、後で調べたら、詐欺だったんだよ」

これを聞いた3人は、おそらくまったく異なる感想を抱くでしょう。

Bさんは、「災難を笑い話にできるAさんは、大らかな人だ」と好感を持ち、Cさんは「騙《だま》されたのに、怒りもせずヘラヘラしているAさんは、お人よしだ」と憤慨し、Dさんは「まんまと騙され、それを恥ずかしげもなく話しているAさんは、なんて馬鹿なんだ」とあきれかえるかもしれません。

**人が他人を評価するとき、そこには必ず主観が入りますし、その人が持つブリーフも、大きく関わってきます。**

「人は真面目であるべきだ」というブリーフを持っている人は、他人が真面目であるかどうかをとても気にするでしょう。

「美しくなければ価値がない」というブリーフを持っている人は、他人が美しいかどうかをとても気にするでしょう。

この例で言えば、もしかしたらBさんは「細かいことを気にせず、大らかに生きたい」、Cさんは「許せないことがあったら、ちゃんと怒るべきだ」、Dさんは「騙されて損をするのは、愚かなことだ」といったブリーフを持っているかもしれません。

つまり、**誰かの「性格」について話すことは、「自分がどんなブリーフを持っているか」を提示すること、すなわち自己紹介にほかならないのです。**

## 誰かの「性格」について話すことは、自己紹介にほかならない

**Point**

- 複数のブリーフシステムのうち、どれが優先されるかによって、人の行動は変わる。
- 人の行動の評価は、置かれている環境によって変わる。
- 人を評価するとき、自分のブリーフシステムが判断基準になっている。

## 人は、他者との関係性によってのみ、自分を規定することができる

これまで見てきたように、人の脳の前頭前野には、過去の記憶をもとに作られたブリーフシステムがパターン化されて蓄積されています。

「自分は〜な性格である」という自己イメージは、そのブリーフシステムから生まれたものであり、「この人は〜な性格だ」という周りの人の評価も、ブリーフシステムによって決定された、相手の選択や行動のごく一部を見て下されたものにすぎません。

しかも「明るい」「暗い」「真面目」「不真面目」といった評価には絶対的な基準がなく、他者に対する評価には、必ずその人の主観が入ります。

「人がそれぞれ、生まれながらにして持っている、そう簡単に変わらない、絶対的な性質」など存在しないということが、おわかりいただけたでしょうか。

そしてそれは、ごく当たり前のことです。

なぜなら、**人は常に変化し続ける存在であり、「確固たるもの」「変わらないもの」「絶対的なもの」など、そもそも持ちえないからです。**

また、**人は他者（人やもの、出来事）との関わりの中でしか存在できず、自分一人だけでは、自己を規定することができません。**

ためしに、「これが私です」と断言できるように、自分自身を紹介してみてください。

名前、年齢、出身地、現住所、現在の職業、勤めている会社、家族構成、親の職業、好きなもの、趣味……。

いずれも、「あなたという存在そのものの情報」ではなく、「あなたと関係のある存在に関する情報」です。

私たちは、自分以外の人やもの、組織、場所などと絡めなければ、「自分がどんな人間であるか」を表現できません。

「自分」とは、「他者との関係にまつわる情報」が寄り集まったものなのです。

そんな「個人」を幾何学的に表現すると、「点」にしかなりません。

輪郭も持たず、特徴もない、ただの「点」。

その点が、ほかのさまざまな点（人やもの、出来事）たちと線（関係）を結ぶと、ようやく形らしいものができていきます。

しかしその形はあくまでもぼんやりとしており、常に変化し続けます。

ちなみに、「自分という『個』は、他者との関係性によって成り立っている」という考えは、仏教でいうところの「縁起《えんぎ》」「空《くう》」に通じます。

釈迦《しゃか》（前463～前383年頃）は、「宇宙のすべての存在や出来事（個）は、ほかの存在や出来事と、網の目のように因果関係を結びながら、相互に関わり合っており、一つも欠くことはできない」と説き、そのような個と世の中の関係性を「縁起」としています。

そして、後に大乗仏教の僧であるインドのナーガールジュナ（2～3世紀）と、チベットの学僧であるツォンカパ（1357～1419年）が、縁起を研究し、「空」の思想を生み出し、大乗仏教の悟りである「中観《ちゅうがん》思想」を確立しました。

「空」の思想は、**「すべてのものは、他との関係性の網の中で形作られており、普遍的な実在はない」**というものです。

たとえば、あなたの今までの人生を振り返り、自分自身がどんな人間であったかを考えてみてください。

子どものころや学生時代のあなたについては、両親や学校の友人、部活などとの関わりや、そこから受けた影響を抜きにしては考えられないでしょう。

社会に出てからは、会社の同僚など、独身の人が結婚したり子どもが生まれたりすれば、新たに作った家族が、あなたという人間と深く関わり、さまざまな影響を与え、そのたびにあなたの考え方や行動パターンは変化しているはずです。

**あなたという人間は、他者との関係があって初めて成り立っており、しかも他者との関係によって、どんどん変化しています。**

突き詰めて考えれば、「これがあなたという人間である」という確固たるものはどこにもない、ということになります。

これが「空」の考え方です。

一方、あなたの考え方や行動パターンが変化し続けるように、あるいはあなたの肉体が、小さな赤ん坊として生まれ、少しずつ成長し、大人になり、やがて年老い、死を迎えて消滅するように、この世のすべてのものは生成、変化、消滅を繰り返しており、一定の状態のまま、未来永劫保たれ続けるものは、何一つありません。

これを「諸行無常《しょぎょうむじょう》」といいます。

「あらゆるものは、空であるからこそ無常であり、無常であるからこそ空である」。

仏教では、それこそがこの世のあるがままの姿であり、空であるものに実体を求めたり、無常なものに「変わらないこと」を願ったりすることから、人間の苦悩が生じる、と説いています。

## 人は、他者との関係性によってのみ、自分を規定することができる

**Point**

- 人は常に変化し続ける存在。
- 人は他者（人やもの、出来事）との関わりの中でしか自分を規定することができない。

## 「性格」や「心」に悩んだり振り回されたりするのはナンセンス

少々話がそれてしまいましたが、「性格」という実体のないものを「存在する」と信じ込むことは、まさに「空なるものに実体を求める」ことにほかなりません。

そしてそれは、さまざまな弊害をもたらします。

まず、**「性格」という概念が、問題の解決を妨げることがあります。**

たとえば、あるスポーツ選手が、「どうしても、いざというときに力を発揮できないのは、自分の性格が弱いからだ」と悩んでいたとします。

このような場合、本当の原因は、その人が持つ自己イメージや自己評価、ブリーフシステムにあることが多く、問題を解決するためには、それらを変える必要があります。

ところが、そこに思いが至らず、「原因は性格の弱さにある」などと信じ込んでいては、解決は遠のくばかりです。

また、みなさんは日々の生活の中で、「あの人は性格がいいから、みんなに好かれる」「あの人は性格が悪いから、恋人もできないし、仕事もうまくいかない」「あの人は性格が暗いから、一緒にいたくない」といった言葉を耳にしたことはありませんか？

あるいは、企業の人事採用担当者などが「性格が明るい人を採用したい」と語っているのを目にしたことはありませんか？

「性格」という概念は、このように、他者にレッテルを貼り、「良い」「悪い」の評価を下す際に用いられがちです。

性格診断占いや性格診断テストの結果を、あくまでもカジュアルな話のネタとして楽しむ分にはいいのですが、「性格」について本気で論じたり、それによって人間を分類したりすることは、差別につながりかねません。

**この世の中には、絶対的に「良い」ことも、絶対的に「悪い」ことも存在しないのです。**

もちろん、法律や倫理、道徳によって「良い」「悪い」とされていることはあります。

しかし、法的には犯罪にあたらなくても、倫理的、道徳的には「悪」にあたる行為はたくさんありますし、逆に、法的に犯罪とされていても、倫理的、道徳的には「善」にあたる行為もあります。

そもそも、時代や場所が変われば、法律や倫理、道徳といったものも変わります。殺人や盗みなどは、多くの国、多くの時代で「してはならないこと」「犯罪」とされていますが、ひとたび戦争が起これば、逆に敵を殺すこと、敵のものを略奪することは英雄的な行為であるとみなされます。

人にさまざまな側面があるように、世の中の事象には、必ず功罪の両面があります。体に害を及ぼす菌や異常な細胞を攻撃する薬が、体にとって必要な菌や正常な細胞まで攻撃してしまうこともあれば、自然を破壊して作った施設が、過疎に苦しむ地元の人たちの生活を支えることもあります。

職場の中で全員から嫌われている人の存在が、実は職場の団結力を高めるうえで一役買っていた、ということもあるでしょう。

この世界において、何が「良い」ことで何が「悪い」ことなのかを厳格に区別し、判断することは、本当は誰にもできないのです。

「性格」に関しても同様です。

すでにお話ししたように、そもそも「明るい」「暗い」「真面目」「不真面目」などは相対的な評価であり、それらを判断する絶対的・客観的な基準は存在しません。

さらに、ある人からは「明るく快活で、誰とでも仲良くなれる人」と思われている人が、別の人からは「暑苦しくて遠慮がなく、何の深みもない」と思われているかもしれませんし、「ちょっとしたことでくよくよ悩んでしまう人」は、裏を返せば、「慎重で内省的な人」ととらえることもできます。

ただでさえ実体がなく、定義があいまいな「性格」というものを、これまた区別が難しい「良い」「悪い」といった基準で判断する。

それがいかに無意味なことか、みなさんにはおわかりいただけるのではないかと思います。

ちなみに、「人にはそれぞれ、生まれ持った性格がある」という考えをベースに「性格」という概念を生み出し、「性格学」を発展させたのは、西洋の医師や心理学者たちです。

その源となったのは、古代ギリシャ時代の医師・ヒポクラテスが提唱し、古代ローマ時代の医師・ガレノスが継承・発展させた「四体液説」です。

四体液説は、「病気は、血液、粘液、黄胆汁、黒胆汁の4種類の体液のバランスが崩れたときに生じる」というもので、古代ギリシャ・ローマでは、それぞれの体液の過少と人の気質には関係があると考えられており、さらに中世ヨーロッパでは四体液説は、占星術とも結びつけられるようになりました。

病理解剖学が誕生した19世紀以降、徐々に四体液説自体は顧みられなくなっていきましたが、個人を気質や性格によってとらえたり分類したりするという考え方は、その後も西洋社会に受け継がれ、ドイツの精神科医エルンスト・クレッチマー、スイスの精神科医カール・グスタフ・ユング、オーストリアの精神科医ジークムント・フロイトなどが、研究を行っています。

１９６０年代には、行動特性に応じて人間の性格を９つのタイプに分類する「エニアグラム」という性格論が作られ、１９７０年代以降、アメリカの精神医学や心理学の研究者が注目するようになり、やがて世界各国に広がっていきました。

アプローチの仕方はそれぞれ異なりますが、「性格」というあいまいなものを、観察者側の一方的な基準によって分類したり、「こういうタイプの人間の○％は、こういう考え方をし、こういう行動をとる」といったデータを示したりすることにあまり意味はないと、私は思っています。

なお、「性格」と同じように「目に見えず、実体もないのに、まるであるかのように語られている」ものに、「心」があります。

私たちはよく「心が温かい」「心が冷たい」「心が安らぐ」などと口にしますが、実際には、「心」などというものは、どこにもありません。

たとえば、「心が弾む」「心を躍らせる」といった表現があります。

たしかに、嬉しいことがあったときや恋をしたときなど、心臓がどきどきしたり、体が熱くなったりしますが、これも、起こった出来事を情報として脳が処理した結果、自律神経が優位になり、アドレナリンなどが放出されて、体が興奮状態になり、心臓の動きが活発化したりするだけのことです。


感情を揺さぶられたとき、心臓周辺に変化が表れやすいことから、私たちはなんとなく、胸のあたりに「心」があるような錯覚を抱いていますが、あるのは、脳の中で行われる情報処理現象と、それに伴う身体反応のみなのです。


もちろん、「心で感じる」「心で思う」などということも一切ありません。

人が考えたことはすべて、脳の中で行われた情報処理現象の結果にすぎません。

みなさんの中には、もしかしたら「自分が〜なのは、心が弱いからだ」と考えたり、「私は心が汚い」と悩んだりしている人がいるかもしれませんが、そのような考えは、今すぐ捨ててしまいましょう。

繰り返しますが、「性格」「心」などというものは存在しません。存在しないものに振り回されたり縛られたりするのは、時間とエネルギーの無駄でしかないといえるでしょう。

## 「性格」や「心」に悩んだり振り回されたりするのはナンセンス

Point

- 「性格」という概念が、人生の問題解決を妨げる。
- 世の中に「良い」「悪い」を判断する絶対的・客観的な基準は存在しない。
- 自分や他者の性格、心で悩むのはエネルギーの無駄。

# Part 2

# 「性格」についての悩みを、本気で解決する方法

# 「性格」の正体を知ることで、自分や他人のありのままの姿が見えてくる

ＰＡＲＴ１では、世間で「性格」と呼ばれているものが、いかにあいまいな、実体のないものであるかをお伝えしてきました。

私は「性格」や「心」といった概念が存在すること自体を、決して悪いことだとは思っていません。

すべての情動や人の行動を、「脳の情報処理現象」として片づけてしまうのは、（実際にはその通りであっても）少々味気ない気がしますし、実体がないことをきちんと理解したうえで、こうした概念を娯楽として楽しむのは、人間らしい、豊かなことでもあると思います。

ただ、すでにお話ししたように、人々が「性格」というものの存在を信じてしまう

と、そこにはさまざまな弊害が生じます。

たとえば、仕事に行き詰まりを感じたときや人間関係でトラブルを抱えたとき、実際は自己イメージやブリーフシステムなど、ほかに原因があるのに、**「性格を変えなければ」と意味のない努力を重ねたり、「こういう性格だから仕方がない」とあきらめてしまったりしていては、解決は遠のくばかりです。**

また、実体も客観性もないにもかかわらず、**「性格」というものが、しばしば他者を差別したり断罪したりする材料として用いられるのも、大きな問題です。**

だからこそ、「性格」と呼ばれているものの正体を知ることが大事なのだと、私は思います。

それによって初めて、今まで「性格」という言葉の陰に隠れて見えずにいた、自分や他人のありのままの姿を知ることができ、問題を解決するためにしなければならないことが見えてくるからです。

PART2では、引き続き「性格」と呼ばれているものの正体を暴きつつ、みなさんが抱えているさまざまな問題を本当の意味で解決に導き、みなさんがより自由に生きられるためのヒントを、いくつかご紹介したいと思います。

## 「性格」の正体を知ることで、自分や他人のありのままの姿が見えてくる

Point

- 「性格」や「心」といった実体のないものを「娯楽」として楽しむのはＯＫ。
- しかし人間関係のトラブルなどを性格のせいにしてしまっては問題解決から遠のくばかり。

# その「性格」は本当に変えるべきなのか

みなさんは今まで、「性格を変えたい」と思ったことはありませんか？

「すぐにくよくよしてしまう自分の性格が嫌いだ」
「つい余計なことを言ってしまう性格を変えたい」

そんな思いを抱いたことのある人は、少なくないでしょう。

中には、本やネットに書かれている「性格改善」の方法を試し、なかなか効果が現れずにあきらめてしまった人、一時的に効果が出たものの、長続きしなかったという人もいるのではないでしょうか。

よく「性格を変えたいのに、なかなか変えられない」という言葉を耳にしますが、それも無理はありません。

「性格」というもの自体が、存在しないからです。

存在しないものを変えることなど、できるはずがありません。

**みなさんが今まで「性格」だと思っていたものは、過去の記憶に基づいて作られた自己イメージや、選択や行動の傾向にすぎません。**

「すぐにくよくよする性格」の人は、自分に対し「すぐにくよくよする人間である」というイメージを抱き、過去に、すぐにくよくよすることを選んでいた。

「つい余計なことを言ってしまう性格」の人は、自分に対し「つい余計なことを言ってしまう人間である」というイメージを抱き、過去に、つい余計なことを言ってしまうことを選んでいた。

ただそれだけのことであり、自分を嫌いになったり、「なかなか性格を変えられない」と嘆いたりする必要はありません。

**今、この瞬間から、「自分に対するイメージや、選択や行動の傾向をどう変えるか」を考えればいいのです。**

そして、ここでもう一つ、考えていただきたいことがあります。

もしあなたが、「すぐにくよくよしてしまう自分の性格が嫌いだ」「つい余計なことを言ってしまう性格を変えたい」と思っているとして、そもそも、その「性格」は、変えるべきものなのでしょうか。

「自分はすぐにくよくよする」「余計なことを言ってしまう」という評価自体も、結局は一面的、相対的なものにすぎません。

単に、あなたが「自分はくよくよしている」と思いすぎているだけかもしれませんし、もし誰かに「お前はいつも、余計なことばかり言っている」と言われたとしても、それはその人だけの評価であり、ほかの人は「余計なこと」だとは思っていないかもしれません。

そもそも、「くよくよするのはよくない」「余計なことを言うのはよくない」と思ってしまうこと自体が、ブリーフシステムの働きによるものです。

つまり、あなたが過去に、

- 誰かに「くよくよするな」「余計なことを言うな」と言われ、それを受け入れてしまった
- 社会的に「くよくよすること」「余計なことを言うこと」が「良くないこと」だとされている

というだけの話であり、くよくよすることや余計なことを言うことが本当に「良くないこと」であるとは限らないのです。

すぐにくよくよするあなたは、とても内省的で、過去の失敗からきちんと学び、次

に活かせる人だといえるかもしれません。

あなたが「余計なこと」だと思っていた言葉が、知らず知らずのうちに、人を奮い立たせたり、励ましたりしていたかもしれません。

未来のあなたが、「すぐにくよくよする性格でよかった」「つい余計なことを言ってしまう性格でよかった」と思っている可能性も、十分にあるのです。


視点を一段高く置き、そこから俯瞰《ふかん》的に眺めると、「現在の自分」を中心にした思考から解放され、物事にはさまざまな側面があり、「いい」「悪い」などと簡単に判断できないことがわかります。

俯瞰すれば、現在自分が抱えている問題、自分が置かれている状況も相対化して見ることができます。そして現在の出来事に対し、現在のあなたが価値判断を下すことなどできないとわかるでしょう。

現在の自分の状態が「いい」のか「悪い」のか、それが本当にわかるのは、未来においてのみです。

いや、それどころか、永遠にわからないかもしれません。

このような思考の仕方を、「抽象度を上げる」「抽象度を高める」といいます。

たとえば、この世界を眺めるとき、「草があり、土があり、虫がいる」といった具合に、すぐ目の前にあるものだけを見つめるのは、抽象度の低い認識です。

もう一段抽象度を上げると、「陸があり、海があり、空がある」といった認識になり、さらに抽象度を上げると、「地球があり、宇宙がある」「物質は分子によってできている」といった具合に、目に見えないものも、想像や知識などによって認識できるようになります。

そして、抽象度の高い認識、思考ができるのは、当然のことながら、人間だけです。

脳は生物と共に、進化を遂げてきました。

魚類、両生類、爬虫類では、餌の捕獲、交尾、反射等、本能的な行動を司る脳幹が脳の大部分を占めており、小脳や大脳は小さく、魚類と両生類の大脳は、「古皮質」

とよばれる大脳辺縁系のみからできています（爬虫類のみ、「新皮質」がわずかに出現）。

大脳辺縁系には扁桃体《へんとうたい》があり、本能的な恐怖、嫌悪、悲しみなど、生命を維持するために必要な原始的な感情を司っており、抽象度の低い情報処理しかできません。

鳥類や哺乳類になると、小脳と大脳が大きくなり、特に大脳の新皮質が発達して、「感覚野」「運動野」が出現し、霊長類では新皮質がさらに発達して「連合野」が出現し、より高度な認知や行動ができるようになりました。

ブリーフシステムが蓄積されている前頭前野は、もっとも新しくできた部位であり、論理的な思考や理性を司っていて、抽象度の高い情報処理をすることができます。

先ほどの例でいえば、この世界に対し、「草があり、土があり、虫がいる」という認識をするのは、大脳辺縁系のみを持ち合わせている魚類や両生類、爬虫類、「陸があり、海があり、空がある」という認識をするのは、発達した新皮質を持つ鳥類や哺乳類、「地球があり、宇宙がある」「物質は分子によってできている」という認識ができるのは、前頭前野が発達した人類、ということになるわけです。

**抽象度の高い思考を身につけると、私たちはさまざまな制約を超越して、自由に物事を捉えられるようになります。**

周りの人たちの自分に対する評価、社会で当たり前とされている価値観や偏見、差別などを、高次な視点から眺められるようになり、そうしたものにいたずらに縛られ、振り回されることもなくなります。

「自分の『性格』を変えたい」と思っている人は、それが本当に変えるべきものなのか、一度、抽象度を高めて考えてみましょう。

少し見方を変えれば、あなたが「変えたい」と思っている「性格」は、決して変える必要のない、大きな長所かもしれません。

## その「性格」は
## 本当に変えるべきなのか

**Point**

- 性格は過去の経験の集積。
- 抽象度の高い思考をすると、周囲の価値観に振り回されなくなる。

## 時間は未来から過去へ流れている

さて、「性格」＝「過去の自己イメージや、思考や行動の傾向」を見つめ直したうえで、やはり「変えたい」「改善したい」と思ったら、どうすればいいのか。

その方法についてお話しする前に、みなさんにお伝えしておきたいことがあります。「時間のとらえ方」についてです。

現代社会では、「時間は過去から現在へ、さらに未来へと流れている」と考えられています。

おそらくみなさんも、こうした時間観に疑問を抱いたことは、ほとんどないでしょう。

しかしこれは、古典的な西洋の価値観に基づいた考えにすぎません。

決して「真理」ではなく、「正しい」わけでもないのです。

しかも、こうした時間観を持っていると、人はどうしても、「過去の原因が未来の結果を作る」と考えてしまいがちであり、後で述べるように、そこからさまざまな問題が発生します。


一方、アビダルマ仏教（釈迦の死後、百年から数百年の間に、仏教の原始教団から分裂して成立した諸派の仏教）では、「時間は未来から現在へ、さらに過去へと流れている」とされています。


たとえば、あなたが川の真ん中に、上流の方を向いて立っているとします。

すると、上流から、赤いボールが流れてきました。

それを取るも取らないもあなた次第ですが、あなたは取らないことを選びました。

やがて、今度は青いボールが流れてきました。

この場合、あなたが赤いボールを取らなかったことと、青いボールが流れてきたことの間には、何の因果関係もありません。

上流にいる誰かが、最初に赤いボールを流し、次に青いボールを流した。

ただ、それだけのことであり、過去は未来に何の影響も与えていないのです。

同じように、時間は、川の上流という未来から、あなたが立っている現在へ、さらにあなたの後方の過去へと流れています。

**そして、未来があなたの現在を、さらに過去を作るのです。**

いま一つピンとこない人は、次のようなケースを考えてみてください。

あなたが特売品を買うために、スーパーに行ったとします。

しかし残念ながら、その品は売り切れでした。

「せっかく出て来たのに、ついてない」と悔しい思いを抱えたまま、帰宅途中にドラッグストアに寄ったところ、スーパーで買おうと思っていた特売品が、さらに安い値段で販売されており、あなたは「ラッキー」「スーパーで買えなくて良かった」と思いました。

ドラッグストアに、同じ品物が安く売っていたおかげで、最初は「ついてない」と思った出来事が「ラッキー」に変わったわけです。

「未来が過去を作る」というのは、こういうことです。

「過去の延長線上に未来がある」と脳が認識している状態では、人間は過去にとらわれたままになってしまいます。

過去の記憶から作られたブリーフシステムに縛られ、過去の自己イメージを引きずったり、本当は自分自身も変化しているのに、それを認めることができなかったり、無意識のうちに、「過去の自分はダメだったから、未来の自分もダメだろう」と考え、それにふさわしいふるまいをとってしまったりするのです。

しかし、時間のとらえ方を変えれば、こうした認識も変わっていきます。

「よい未来」から逆算して見れば、どんな現在も過去も、「よい未来」を作るために必要な出来事だったと思えるようになるからです。

**たとえば、過去の自分の「性格」に気に入らない部分があったとしても、「よい未来」から考えると、「むしろ、そんな『性格』だったのは、ラッキーだった」と思うようになるはずです。**

「時間は未来から過去へ向かって流れている」
「過去は、未来の自分に影響を与えない」
「未来が過去を作る」
「未来が最高だと確信すれば、過去も現在も最高になる」

この原則をぜひ、あなたの脳内にしっかりと刻みつけてください。

## 時間は
## 未来から過去へ流れている

**Point**

- 未来が現在を、過去を作る。
- 「イヤな性格」は、むしろ未来から考えると必要なものになる。

## 環境を変えれば、行動パターンも変わる

ではこれから、いかにマイナスの自己イメージや、思考や行動の傾向を変えていくか、その方法について、具体的に考えていきましょう。

最初に、もっとも手っ取り早い方法をお伝えしましょう。

それは「自分を分析し、そのうえで、周りの人よりも『理想的な』ふるまいをする」というものです。

人が抱いている自己イメージのほとんどは、「身のまわりの何人かと自分を比べて、自分に勝手に貼ったレッテル」にすぎません。

たとえば、「自分は暗い性格だ」と思っている人の場合、単に「家族や友人と比べて、自分のものの考え方や行動がネガティブだと感じている」とか「その人と周りの人の行動を比べた第三者に『暗いね』と言われた」といったことから、その自己イ

メージができあがっているケースが多いのです。

ですから、「自分は暗い性格だから、明るくなりたい」と思っている人は、周りの人よりも少し、「明るい」と評価されそうなものの考え方やふるまいをするよう心がけましょう。

人の思考や行動が明るいか暗いかを判断する、絶対的な基準などありません。相対的に明るくなるだけでいいのです。

さて、次に考えられるのが、「環境を変える」という方法です。

思考や行動の傾向は、ブリーフシステムと環境（特に、対面している相手や一緒にいる相手）の組み合わせによって決まります。

脳の前頭前野には、過去の経験をもとに作られた無数のブリーフシステムが蓄えられており、そのときの環境や置かれている状況に応じて、「このような場面では、このように行動するべきである」「このタイプの人に対しては、このようにふるまうべきである」といった決定を下すわけです。

多くの人が、家族の前と職場で異なる行動の傾向を見せるのは、ブリーフシステムが「家族の前では、こういったふるまいをしなければならない」「職場では、こういったふるまいをしなければならない」と決定しているからです。

上司の前と部下の前で態度が違う人の脳内には、「上司の前では低姿勢にふるまう」「部下の前では強気にふるまう」といったブリーフシステムができあがっているのでしょう。

**私たちは相対する環境によって、無意識にブリーフシステムを使い分けているのです。**

ですから、**環境が変われば、自ずと思考や行動の傾向も変わります。**

たとえば、「すぐにくよくよしてしまう自分」に悩んでいる人は、一度考えてみてください。

あなたは、いつもくよくよしていますか？

それとも、「この人と一緒にいるとくよくよしてしまう」「このような場面だとくよくよしてしまう」など、特にくよくよしてしまう状況はありますか？

逆に、「この人となら、この場面なら、あまりくよくよしない」と思うことはありますか？


もし、特にくよくよしてしまう環境があるなら、そこからできるだけ遠ざかることを考えましょう。

特定の友だちの前でくよくよしてしまうなら、その友だちと距離を置いてつきあう。

職場でくよくよしてしまうなら、職場を変える。

そうすれば、くよくよすることは、かなり少なくなるでしょう。

「いつもくよくよしている」という人なら、海外など、まったく違う土地にある程度の期間旅行したり、住んでみたりするのもいいかもしれません。

一方で、くよくよしないでいられる人と過ごす時間、くよくよしないでいられる場面を増やしていきましょう。

「職場を変える」「海外に住む」というのは、いささか極端かもしれませんが、**本当に思考や行動の傾向を変えたいのであれば、ときには大きな変化も必要です。**

「どうしても、そこまで思い切れない」という場合は、「新しい知り合いをつくる」「新しい場所に行ってみる」など、環境を変えるために、できる範囲のことから始めてみてください。

なお、「思考や行動の傾向は、相手によって変わる」という考え方は、対人戦略にも応用できます。

ビジネスにおいては、上司や部下、取引先などに「望ましい『性格』」になってもらうことで、物事がスムーズに進むようになります。

おそらくみなさんも、「上司がもっと大らかな性格だったら」「部下に、もう少し慎重になってほしい」などと思ったことがあるのではないでしょうか。

そんなとき、いったいどうすればいいのか。

「性格を変える」のは不可能ですが、相手の行動の傾向を変えることは可能です。


人は、対面している、もしくは一緒にいる相手の態度や行動にひきずられがちです。

「穏やかな考え方をする人と一緒にいると、自分も穏やかになる」「喧嘩腰の人と話していると、自分も喧嘩腰になってしまう」といった経験は、誰にでもあるはずです。

同様に、「上司に大らかになってほしい」と思ったら、まず自分が大らかな態度を示し、「部下に慎重になってほしい」と思ったら、まず自分が慎重になってみましょう。

必ず効果が現れるとは限りませんが、試してみる価値は十分にあると思います。

## 環境を変えれば、
## 行動パターンも変わる

Point

- 私たちは置かれた環境によって、無意識にブリーフシステムを使い分けている。
- 環境を変えると、使うブリーフシステムも変わり、性格が変わる。
- 職場や住む場所など、大きな環境の変化は行動パターンに強く影響する。

## 脳の「サボり」が、自己イメージを固定化する

マイナスの自己イメージや、思考や行動の傾向を変える方法について、さらに話を進める前に、ここで、脳のある仕組みについて、説明しておきましょう。

私たちが、過去の記憶をもとに作られた自己イメージにとらわれ、それをなかなか変えることができないのは、脳の機能に原因があります。

実は脳は、よく働いているように見せながら、適度にサボっているのです。

私たちはふだん、基本的には同じものを見て生活しています。

朝、目をさませば、昨日と同じ寝室の風景を、朝食をとるときには昨日と同じ家族の顔を、出社すれば、昨日と同じ同僚の顔を目にしています。

けれども私たちは、実際にはそれらをちゃんとは見ていません。

脳が「昨日見たものを、今日も見た」と私たちに思わせているだけです。

ためしに寝室の様子を、あるいは家族の顔を細部まで思い浮かべ、それを実際の寝室や家族の顔と比べてみてください。

おそらく、何か所も間違っているはずです。

私たちは、過去に見て何となく記憶に残っているものについては、あまり見ていないのです。

そうしたものまで全部きちんと認識してしまうと、脳の情報処理能力が追いつかないからです。

**つまり、「私たちが今、見ている世界は、過去の記憶によって成り立っている」といえるでしょう。**

また、脳幹の基底部には「RAS」（網様体賦活系《もうようたいふかっけい》）という優れたフィルターシステムがあり、重要だと判断した情報以外は遮断しています。

おそらくみなさんも、「会議の様子などをICレコーダーで録音すると、意外と雑音などが多く、会議中は聞き取れたはずの参加者の発言が、全然聞こえなかった」「雑誌をパラパラとめくっていたら、他の文字は引っかからないのに、自分の好きなアーティストの名前だけは目に飛び込んでくる」といった経験をしたことがあると思いますが、これらはいずれも、RASによるフィルタリングです。

このRASの働きのおかげで、私たちは、自分にとって重要な情報とそうでない情報を分類できているのですが、見方を変えれば、RASによって選別された情報だけで作られた世界に生きているともいえます。

なお、脳が、その情報が重要であるかどうかを判断する際には、ブリーフシステムが働きます。

ブリーフシステムは、過去の情動記憶や外部の言葉によって作られていますから、私たちはふだん、無意識のうちに、過去の情動記憶から得た価値観、および過去に親や教師、友人、メディアなどによって摺《す》り込まれてきた価値観に基づいて、情報の取捨選択をしています。

つまり、「私たちが今、見ている世界は、過去に脳が、周りの人たちや社会の価値観に基づいて重要だと判断した情報だけで成り立っている」ということになるのです。

こうした脳の働きにより、私たちが認識する世界は、昨日も今日も同じようなものとなり、安定した状態が保たれるわけですが、一方で弊害も生じます。

その一つは、新しい情報や新しい価値観が入りづらく、なかなか現状から抜け出せないことです。

技術や環境は日々変化しているのに、昔ながらのやり方にいつまでもこだわってしまう人がいるのは、そのせいです。

自己イメージについても、同様です。

脳の前頭前野には、自己イメージに関するブリーフがたくさん蓄積されています。それらは、過去に他者からいわれた「あなたは〜な性格だね」といった言葉のうち、脳が重要だと判断した情報をもとに作られたものです。

私たちは日々さまざまな出来事を経験し、少しずつ変化しているはずですが、脳が情報の更新をサボっているため、なかなか自己イメージが変わりません。

一方で脳は私たちに、自己イメージにふさわしい思考や選択、行動をさせようとします。

こうしたことにより、自己イメージは固定化され、ますます強化されてしまうのです。

また、情報の重要度の判断には、親や教師など、周囲の人たちの価値観が色濃く反映されています。

たとえば、ポジティブな情報を重視する人たちの中で育った場合には、「努力家」「賢い」「粘り強い」「かわいい」「偉い。よく頑張ったね」といった言葉を重要なものとして受け入れ、プラスの自己イメージを固めるでしょう。

逆に、ネガティブな情報を重視する人たちの中で育った場合、「怠け者」「バカ」「根気がない」「ブサイク」といった言葉を重要なものとして受け入れ、マイナスの自己イメージを固めてしまいがちです。

「まだまだダメだね。もっと頑張れ」といった言葉をかけられた場合にも「自分は至らない人間だ」という、マイナスの自己イメージが固定されます。

そして、私たちが周囲の人から聞かされる言葉は、マイナスの自己イメージを作り、自己評価を下げる方向に働きがちです。

子どもの幸せを願う親であっても、「もっといい子に育ってほしい」と思うあまり、褒めたり、努力や能力を認めたりするよりも、叱ったり、足りない部分を指摘したりすることの方が多くなってしまうからです。

さらに、**人間を含め生物の脳は、そもそもポジティブな記憶よりも、ネガティブな記憶の方が、強く残るようにできています。**危険を避け生命を維持するため、同じ失敗を繰り返さないよう、失敗体験を強く記憶しようとするからです。

このように残念ながら、私たちはどちらかといえば、マイナスの自己イメージを抱きやすい傾向にあります。

しかもそのイメージは、脳のサボりや働きにより、固定化・強化されやすいのです。

## 脳の「サボり」が、自己イメージを固定化する

Point

- 目の前の世界は過去の記憶によって成り立っている。
- 脳のフィルターシステムによって、勝手に情報が選択されている。
- 生物はネガティブな記憶の方が強く残るようにできている。

## コンフォート・ゾーンとホメオスタシスが、自己イメージをさらに強化する

なお、自己イメージの固定化・強化には「コンフォート・ゾーン」と「ホメオスタシス」も大きく関わっています。

「コンフォート・ゾーン（comfort zone）」とは、その人が「居心地が良い」と感じ、自然にふるまうことができる、意識の中のエリアのことです。

また「ホメオスタシス（homeostasis）」とは、外部の環境が変化しても、体を一定の状態に保とうとする、生物の体の仕組みのことです。

暑いときに、汗をかくことで体温の上昇が抑えられるのも、糖分をとったときにインシュリンが分泌され、血糖値の上昇が抑えられるのも、ホメオスタシスの作用です。

そしてホメオスタシスは、体だけでなく、脳の働き、情報空間にも作用します。

**人は無意識のうちに、「自分らしい」「居心地がいい」と認識している状態、つまり**

**コンフォート・ゾーンを維持しようとします。たとえ良い方向へのずれであっても、そこから自分がはみ出すこと、はみ出すような行動をとることに対し、抵抗感を覚えてしまうのです。**

プラスの自己イメージを持ち、「自分は素晴らしい人間だ」と認識している人は、無意識のうちに自分の能力を最大限に発揮し、自分の価値が高まるような行動をとろうとします。

しかしマイナスの自己イメージを持ち、「自分は恥ずかしい人間だ」と認識している人は、無意識のうちに、自分の評価を下げるような行動をとろうとします。

そのため、ますます能力が発揮しにくくなり、失敗したり、満足のいかない結果に終わったりすることが多くなってしまいます。

たとえば、あなたが「自分はくよくよする人間である」という自己イメージを持っていると、それがあなたにとってのコンフォート・ゾーンになり、ついくよくよしてしまいます。

くよくよすることに、無意識のうちに居心地の良さを感じているからです。

何かあるたびに胃が痛くなる、物が食べられなくなるなど、体に影響が出ることもあるかもしれません。

「自分は人見知りだ」という自己イメージを持っている場合は、初対面の人を前にしたときに気後れするばかりでなく、緊張し動悸《どうき》が止まらなくなるといった反応も出るでしょう。

しかも、コンフォート・ゾーンは非常に強固であり、ホメオスタシスは非常に強力です。あなたがどれほど強く「自分の性格を変えたい」と願っても、すでにできあがっているコンフォート・ゾーンからはみ出さないよう、ホメオスタシスの作用が、あなたの思考と行動を制限します。

それどころか、「くよくよするのをやめたい」などと思えば思うほど、脳は「くよくよすること」を重要な情報であると認識し、ますます自己イメージが強化されるという悪循環も起こってしまうのです。

## コンフォート・ゾーンとホメオスタシスが、自己イメージをさらに強化する

Point

- 人は無意識のうちに「自分らしい」状態＝コンフォート・ゾーンを維持しようとする。
- 体と心の状態を一定に保とうとするホメオスタシスの作用は強力。

## 失敗したときには「しまった！」ではなく、「自分らしくない」と言おう

もう、おわかりでしょうか。

**思考や行動の傾向を根本的に変えるためには、まず、固定化・強化されたマイナスの自己イメージを捨てる必要があります。**

そのためには一体、何をすればいいのか。

まず心がけていただきたいのが、**「意識的に、ポジティブな自己対話を行うこと」**です。

私たちは常に、頭の中で自分と対話をしています。

その内容は「嬉しい」「すごく楽しみ」「ありがとう」「いい人だな」といったポジティブなものから、「疲れた」「学校行きたくない」「ああ、ムカつく」「ふざけんな」

といったネガティブなものまでさまざまですが、マイナスの自己イメージを持っている人、自己評価が低い人ほど、ネガティブな内容が多くなります。

たとえば、「自分はくよくよする人間である」という自己イメージを持っている人は、何かあるとすぐに「ああ、またやっちゃった」「やっぱり自分はダメだ」といった自己対話をします。

「自分は人見知りだ」という自己イメージを持っている人は、大勢が集まる場所に行かなければならないとき、「行きたくないなあ」「またとっつきづらい人だと思われるだろうなあ」といった自己対話をするのです。

脳は、そういった自己対話の内容を情報としてインプットし、自己イメージを強化します。

そのため、マイナスな自己イメージを持っている人は、自己対話の内容もネガティブになり、自分とネガティブな対話をすることによって、自己イメージがさらにマイナスになるという悪循環に陥ってしまうのです。

また、**ネガティブな自己対話を行うと、失敗体験が思い出されやすいというリスクもあります。**

たとえば、「自分は人見知りだ」という自己イメージを持っている人が、いきなり大勢の初対面の人に紹介され、動揺して冷や汗をかきまくり、しどろもどろになり、挨拶もそこそこに、その場を立ち去ったとします。

おそらくその人は、後で「またやっちゃった」「また変な人だと思われた」といった自己対話を繰り返すでしょう。

するとそのたびに、「初対面の人たちに紹介され、動揺している自分」のイメージが、臨場感をもって、脳内で再生されます。

脳は、臨場感が高い脳内の仮想的世界（イメージ）を「現実」として認識します。

つまり、実際には一度しか起こっていない出来事でも、ネガティブな自己対話と共に繰り返し思い出すと、脳はそれを、何度も経験した出来事として認識し、「自分は人見知りだ」という自己イメージが、ますます強化されてしまうのです。

意識的にポジティブな自己対話を行う必要があるのは、こうした理由からです。

しかしみなさんの中には、「いきなり、ポジティブな自己対話を、と言われても、何をどうしたらいいかわからない」という人もいるでしょう。

そこでおすすめしたいのが、**「自分（あなた）らしくない」**という言葉です。

みなさんは失敗をしたとき、「しまった！」「最悪！」などと呟いたり、思ったりしていませんか？

実は、私たちがふだん、無意識のうちに発しているこうした言葉は、「失敗した最悪な自分」という自己イメージを強め、自己評価を下げてしまいます。

ですから、これからは、失敗したときには「こんな失敗をするなんて、自分らしくない」と思うようにしてください。

**「失敗したのは自分らしくない」ということは、つまり、「本来の自分は、失敗するはずのない人間である」ということになります。**これなら、失敗したという事実を認識し反省につなげながらも、自己評価を下げずにすむわけです。

ほかにも、私たちの自己対話にはネガティブな言葉がたくさん使われています。

ぜひ、それらを注意深く観察し、できるだけポジティブな言葉に置き換えるようにしましょう。

「どうせ自分なんて」「世の中、そんなに甘くない」「うまくいくはずがない」「やっぱりダメだった」……。

こういった言葉は、すべてNGです。

失敗したり自信を失ったり悲観的になったりしたときには、とにかく「自分らしくない。自分はもっとできるんだから」と自分に話しかけるのを習慣にしましょう。

逆に、**うまくいったときや、よいことがあったときには、自分に対し「自分らしい」「当然だ」と話しかけます。**

日ごろから、そうした自己対話を心がけることにより、少しずつ自己イメージがマイナスからプラスへと変化していくはずです。

**失敗したときには「しまった！」ではなく、
「自分らしくない」と言おう**

Point

- 自己評価が低い人ほど、自己対話の内容がネガティブになる。
- 「自分らしくない」＝自己評価を下げない言葉。
- うまくいったとき＝「自分らしい！」と自分に声をかけよう。

## ポジティブな自己対話は、エフィカシーも高めてくれる

ポジティブな自己対話は、エフィカシーのレベルも引き上げてくれます。

**エフィカシー(efficacy)とは、「自分の目標達成能力に対する自己評価」**のことです。これに対し、「自分の存在そのものに対する自己評価」のことを「セルフ・エスティーム(self-esteem)」といいます。

マイナスの自己対話を行う人は、エフィカシーも低くなりがちです。

たとえば、コンペで負けたときに「やっぱりダメだった。自分の発想力のなさが嫌になる」と思ったり、同僚との出世競争に敗れたときに「自分には行動力も統率力もないからなあ」と思ったりすると、やはり脳がその情報をインプットしてしまい、どんどんエフィカシーを下げてしまうのです。

すると、この人にとっては、「ダメな自分」がコンフォート・ゾーンになり、ホメ

オスタシスがそこに向かって作用するため、ますます行動ができなくなり、発想も浮かばなくなるという悪循環が起こりやすくなります。

しかし、ポジティブな自己対話を繰り返していると、エフィカシーが高くなり、自分自身に対し、「発想力も行動力も統率力もある、優れた人間である」といった評価を下せるようになります。

するとホメオスタシスの作用が変わり、ますます行動力や発想力を発揮しやすくなっていきます。

それだけではありません。

エフィカシーが高まると、スコトーマのあり方も変わります。

**スコトーマ（scotoma）とは、「心理的な盲点」**のことです。

すでにお話ししたように、人間の脳は、重要だと判断した情報しか認識しません。

その結果、人間の認識には、知らず知らずのうちに、スコトーマが生まれます。

たとえば、「雑誌を目で追っていても、興味のない情報はまったく入ってこない」といった具合に、脳が重要だと判断しなかった情報については、見ているのに気づかなかったり、視界に入っているのに認識できなかったりするのです。

「自分は、発想力も行動力も統率力もない、ダメな人間である」という低いエフィカシーを持っている人は、「どんなアイデアを出せばいいか」「どうすれば効果的に動けるか」「人をどう束ね、どう動かせばいいか」といったことがすべて、スコトーマに隠れて、見えなくなってしまいます。

脳が、発想力や行動力、統率力に関することを「必要でないこと」「重要でないこと」と判断するからです。

ところが、「自分は、発想力も行動力も統率力もある、優れた人間である」という高いエフィカシーを持っている人の場合は、逆に「新しいアイデアなんてあるはずがない」「時間がない」「面倒くさい」など、「仕事の進行を阻むような思考」がスコトーマに隠れ、見えなくなります。

脳が、それらを「必要でないこと」「重要でないこと」と判断するからです。

このように、ポジティブな自己対話は、まず自己イメージをプラスに変え、エフィカシーを高くしてくれます。

さらに、スコトーマのあり方が変わり、入ってくる情報の内容やレベルが変わり、物事をスムーズに進められるようになります。

それによって、低いところにあったコンフォート・ゾーンが高いところに移動し、「プラスの自己イメージを持ち、エフィカシーが高く、物事がスムーズに進む状態」に居心地の良さを感じるようになり、ホメオスタシスがそこに向かって作用するようになります。

そのため、エフィカシーがますます下がりにくくなるという、前向きな循環が生まれるのです。

## ポジティブな自己対話は、エフィカシーも高めてくれる

**Point**

- ポジティブな自己対話を続けていると、自己評価も高くなる。
- 自己評価が低いと、いいアイデアがスコトーマ（＝盲点）に隠れて見えなくなっている。
- 自己評価を高めれば、ホメオスタシスの作用で、物事が前向きにうまく回りだす。

# ネガティブな「外部の言葉」には、耳を貸さない

ただ、ここで一つ、気をつけなければならないものがあります。

それは「外部の言葉」です。

私たちは親、教師、上司、同僚、取引先、友人、配偶者、子ども、そしてメディアなど、日々外部からの言葉を受け取っています。

そうした外部の言葉も、自分がそれを受け入れればブリーフとなり、自己対話と同じ効果をもたらします。

特に、**同じことを何度も繰り返し聞かされると、それが事実や自分の認識とは異なる内容であっても、「たしかにそうかもしれない」という自己対話を生み、自己イメージを上書きしてしまうのです。**

自分では、「すぐにくよくよするのをやめたい」と思っていても、他者から「あなたはすぐくよくよする性格だから」と何度も言われれば、過去のくよくよした記憶が蘇り、「たしかにそうかもしれない」と思ってしまうでしょう。

逆に「あなたは、過去をひきずらない性格だよね」と何度も言われれば、過去の「くよくよしなかった」記憶の方がクローズアップされ、「たしかにそうかもしれない」と思うようになるかもしれません。

そして残念ながら、外部の言葉は、ポジティブな内容よりも、ネガティブな内容であることが多いのです。

たとえ愛情からくるものであっても、他者から言われた「バカだな」「弱いね」「何をやってもダメじゃない？」といった言葉は、知らず知らずのうちに、マイナスの自己イメージを作り、自己評価を下げてしまいます。

しかし、あなたが変わろうとしている今、そうした言葉に、まったく意味はありません。

ネガティブな言葉を投げつけてくる他者は、「過去のあなたの、認識や行動のパターン」を評価しているにすぎないからです。

しかも、過去のあなたの選択や行動を決定してきたのは、他者からの摺り込みによってできたブリーフシステムであり、それらは「本当はこうしたい」「本当はこういう人間でありたい」というあなたの本心や願望とは、まったく関係がないのです。

過去の遺物に基づいて、あなたにマイナスの自己イメージを植えつけ、あなたのエフィカシーを下げる相手のことを、**「ドリーム・キラー」（夢をつぶす人）**といいます。

ドリーム・キラーは、あなたが「こういう自分になりたい」「こういうことがしたい」と口に出そうものなら、すかさず「性格なんて、簡単に変えられない」「そんなの無理」「あなたに、できるわけがない」などと発言するでしょう。

**彼らの影響を受けないようにするためには、まず「こういう自分になりたい」「こ**

**ういうことがしたい」といった「夢」を、他人にあまり話さないことです。**

「本当にできるのだろうか」という不安感や「誰かに背中を押してもらいたい」という依存心から、つい話したくなってしまうかもしれませんが、期待通りの反応が返ってくる保証はなく、かえってエフィカシーを下げられてしまうおそれがあります。

とにかく、「今、ここにいる自分自身」を信じ、よりどころとしましょう。

また、これからのあなたは、誰のどんな言葉を聞き、誰のどんな言葉に耳をふさぐかを、自分で決めていく必要があります。

メディアから垂れ流される情報も含め、他人の言葉が、「なりたい自分」にふさわしいかどうかを選別し、ふさわしくない言葉は無視するのです。

たとえ、ネガティブな言葉に耳を傾けることがあったとしても、「たしかにそうかもしれない」などと思わず、決して受け入れないようにしましょう。

## ネガティブな「外部の言葉」には、耳を貸さない

Point

- 同じことを繰り返し聞かされていると、自己イメージが上書きされてしまう。
- 他者からの言葉は過去のあなたの評価でしなかく、まったく意味はない。
- 他者からのネガティブな言葉に影響されないために、夢を安易に周囲に話さないこと。

# Part 3

# なりたい自分になる具体的な道筋

## 「やりたくないこと」をやってはいけない

PART２では、「性格」＝「過去の自己イメージや、思考や行動の傾向」を変えたいと思っている人のために、

①思考の抽象度を上げて、自分の「性格」を客観的に見つめ直す
②環境を変えてみる
③自己対話の内容をポジティブなものに変えてみる

など、いくつかのヒントをお伝えしましたが、PART３では、さらに話を進め、「性格」を変える、究極の方法についてお話ししたいと思います。

それは**「人生にゴールを設定し、それを達成するために行動する」**というものです。

少し高度かもしれませんが、これを実行することができれば、あなたは、確実に変わります。

そして、やりたいことだけをやって生きていけるようになり、自分自身のことを好きになり、本当に望む人生を生きられるようになるのです。

このように書くと、おそらくみなさんの中には、

「この社会で生きている限り、やりたいことだけやって生きていくのは不可能だ」

「我慢してやることにも意味があるはずだ」

と思う人もいるでしょう。

たしかに、社会にはさまざまなしがらみがあります。

会社勤めをしていれば、会社からの命令、上司からの指示により、やりたくない仕事をしなければならないこともあるでしょう。

仕事を選べる立場にあるフリーランスの人でも、生活のために、あるいは頼まれて断れずに、やりたくない仕事を引き受けてしまう人がいるかもしれません。

でも、仕事にしろ勉強にしろ、やりたくないことを「やらされ感」で続けるのは、非常に危険です。

まず、やりたくないことを我慢してやっていると、集中できず、やる気が続かず、パフォーマンスも上がりません。

もしみなさんの中に、今、自分自身に対して「根気がない」「集中力がない」「何をやってもうまくいかない」といった、マイナスの自己イメージを抱いている人がいるとしたら、それは「性格」や能力のせいではありません。

単にやりたくないことをやっているせいです。

実際、「自分には集中力がない」と思っている人でも、やりたいことをやっているときには、かなり集中して取り組んでいるのではないでしょうか。
もし、やりたいことだけやって生きていけたら、もっと能力を発揮でき、楽しい人生が送れると思いませんか？

「やらされ感」は、自己イメージやエフィカシーを低下させますが、他にも大きな問題があります。

「やりたくないけど、やらなければならない」「我慢しないと、生活していけない」といった考えは、あなたの無意識に「自分には、ほかに選択の余地がない。なぜなら、自分は大した人間ではないからだ」というメッセージを摺《す》り込みます。
そして、あなたの「自分の存在そのものに対する自己評価」、すなわちセルフ・エスティームをじわじわと、でも確実に、強力に傷つけ、潜在能力を低下させてしまうのです。

また、「やらされ感」によって行動しているとき、私たちの脳内では必ず、「本当はやりたくないけど、やらないと怒られる」「生活のためには、仕方がない」といった自己対話が行われています。

このような、外部からの働きかけによる恐怖に基づくモチベーションを**「強制的動機」**といいます（逆に、自発的に生じるモチベーションを**「建設的動機」**といいます）。

「やらされ感」と「強制的動機」で行動しているとき、人間は絶対に高いパフォーマンスを上げることができません。

「本当はやりたくない」という本心がある限り、無意識は、それを実現するように働くからです。

そのため、仕事や勉強の能率が落ちてしまったり、脳が「やらなくていい理由」を見つけたりしてしまいます。

たとえばみなさんは子どものころ、テストの前になると、ふだんは気にもしていなかった机の引き出しの中身が気になって、整理を始めたりしませんでしたか？

それはまさに、「勉強をしたくない」というあなたの本心に基づいて、脳が「勉強しなくてもいい理由」を見つけた結果です。

でも、そのせいで勉強時間が削られ、テストの成績が落ちれば、ますます勉強が嫌いになってしまうはずです。

このように、「やらなければならない」(have to) という気持ちは、セルフ・エスティームとモチベーションを低下させます。

そして、モチベーションが低下した結果、さらにセルフ・エスティームやエフィカシーが低下するという悪循環が生まれてしまうのです。

なお、世間には「人生は我慢の連続だ」「辛抱も大事だ」「やりたくないことをやっているうちに学ぶこともたくさんあるし、成長もできるのだ」といった言葉を口にする人が、少なからずいます。

「成長」の定義にもよるかもしれませんが、私は、それらは基本的には大嘘だと思っています。

たしかに、我慢や辛抱、「やりたくないことをやる」ことから得るものもあるかもしれませんが、同時に失うものもたくさんありますし、そんな思いをしなくても、人は十分に成長できるからです。

「人間には我慢や辛抱が必要だ」「やりたくないことをやるのも大切だ」と口にするのは、間違いなく、やりたくないことに時間とエネルギーを費やしてきた人たちだといえるでしょう。

彼らは、自分の価値観を、他の人にも押しつけようとしているだけなのです。

## 「やりたくないこと」を やってはいけない

Point

- 集中力が続かないのは、「性格」や能力のせいではなく、やりたくないことをやっているから。
- 「やりたくないけどやらなければならない」という考えは、自分の存在そのものに対する自己評価を低下させる。
- 「辛抱も人間にとって大事だ」という考え方は大嘘。

## 「やらなくても大丈夫」なことは、意外と多い

世の中の多くの人が、「やらされ感」と「強制的動機」にがんじがらめになり、「やりたくないこと」に時間とエネルギーを費やしているのは、自分の行動を、「本当にやりたいことか、本当はやりたくないことか」で判断し、選別するという習慣を持っていないからです。

**「やりたくないけど、仕方がないからやる」というのが、無意識レベルでスタンダードになってしまっていて、「自分は、本当は何がやりたくて、何をやりたくないのか」がわからなくなってしまっているのです。**

もしみなさんが、仕事でも人間関係でも「やりたくないことに囲まれている」「でもそれらをやめる勇気が持てない」「どうやってやめればいいかわからない」と思っているなら、次のような思考実験をしてみてください。

①まず「やりたくないこと」を、できるだけ細かく書きだします。最低でも5個程度、それ以上ある人はいくつ書いてもかまいません。内容は仕事のこと、家庭のこと、人間関係のこと、何でも大丈夫です。

②その中から、あなたが「一番やりたくない」と思うものを選びます。

③もし、②で選んだ「一番やりたくないと思うこと」をやめたらどうなるか、脳内でシミュレーションします。

たとえば、あなたが営業職で、「会社に行きたくない」という思いを抱えていたとします。

その場合、①では、単に「会社に行きたくない」と書くのではなく、「クライアントのA社の仕事をしたくない」「あの上司の下で働きたくない」「会議に出るのが面倒くさい」など、思いつくままに、細分化して書きましょう。

すると、会社に行きたくない具体的な理由が、いくつか明らかになるはずです。

そのうち、「一番やりたくないと思うこと」が「クライアントのA社の仕事」であった場合は、「A社との仕事をやめたらどうなるか」をシミュレーションしてみます。
A社の売り上げが、自分の営業ノルマの3分の1を占めているとして、A社との仕事をやめたとき、ほかのクライアントとの仕事を増やし、カバーすることができるかどうか、カバーできなければ、どのくらい新規のクライアントを開拓すればいいか。

そういったことを具体的に考えてみると、A社の仕事をやめても、マイナスになるどころか、「A社に費やしていた時間とエネルギーを使って、ほかの取引先との仕事の幅を広げることができる」「新規のクライアントを開拓できる」など、プラスの側面の方が多いことがわかるかもしれません。

実は、こうした「やりたくないことをやめる」思考実験をしてみると、**自分の生活や仕事の中に、「仕方なくやっていたけれど、本当はやらなくてもよかったこと」「や**

**めても何ともないこと」が、意外とたくさんある**ことに気がつきます。

今までは「やりたくないことを我慢してやる」ことがコンフォート・ゾーンになっており、「やらなくても大丈夫」ということがスコトーマに隠れて、見えなくなっていたのです。

ですから、「やりたくないことに囲まれて生活している」と感じている人は、ぜひ一度立ち止まり、それらを見つめ直してみましょう。

## 「やらなくても大丈夫」なことは、意外と多い

Point

- やりたくないことをやり続けていると、本当にやりたいこと、じつはやりたくないことの判断ができなくなってくる。
- 思考実験をして突き詰めて考えると、本当はやらなくてもいいことがたくさんある。

## 人生にゴールを設定すれば、すべては「やりたいこと」に変わる

さて、「やりたくないことをやらなくても大丈夫」だということがわかれば、次は実際に、「やりたくないことをやらずに生きていくこと」を考え始めましょう。

**やりたくないことをやらなくてすむようになれば、「自分は大した人間ではない」という自己イメージが変わり、セルフ・エスティームが高まります。**

さらに、「やりたくないことをやらない」状態がコンフォート・ゾーンになり、今まで「やりたくないこと」に費やしていた時間とエネルギーを使って、自分が本当にやりたいことに取り組むことができるようになります。

自分が本当にやりたいことに取り組んでいると、モチベーションが上がって、能力が発揮しやすくなりますから、エフィカシーも高くなり、自己イメージがどんどんプラスへと変わっていくはずです。

ただ、ここで、不安を覚える人もいるでしょう。

特に、今まで「やりたくないこと」ばかりやってきた人、仕事全体が「やりたくないこと」だった人は、「次に何をすればいいかわからない」「『自分が本当にやりたいこと』をどうやって見つければいいかわからない」と思うかもしれません。


また、もしみなさんが「『性格』を変えなければならない」「やりたくないことをやめなければならない」「『自分が本当にやりたいこと』を見つけなければならない」と考えているとしたら、それも問題です。

なぜなら、こうした発想は「have to」でしかないからです。

あなたが本当の意味でなりたい自分になり、やりたいことができるようになるのは、「have to」が「want to」に変わったときなのです。


「やりたくないこと」をやめた後、一体何をすればいいのか。

「have to」は、どうすれば「want to」に変わるのか。

その2つの問題を解決するために必要なのが、「将来、こんな自分になりたい」という「ゴールの設定」です。

ゴールの設定をせず、ただ「ポジティブな自己対話をしなければ」「エフィカシーやセルフ・エスティームを高めなければ」「コンフォート・ゾーンのレベルを上げなければ」と思うだけだと、あなたはストレスを感じてしまうかもしれません。

それを行うための明確な理由づけができず、どうしても「やらされ感」が生じてしまうからです。

しかし、**「将来、こんな自分になりたい」というゴール、それも、考えただけでワクワクするような、達成したくて仕方がないようなゴールを設定することができれば、「ゴールを達成するうえで必要のないこと（マイナスの自己イメージや、「やらなければならない」こと）を捨てたい」と思うようになります。**

そして、ゴールの達成に向けて行うすべてのことが、「want to」、すなわち「やりたいこと」に変わっていくはずです。

## 人生にゴールを設定すれば、すべては「やりたいこと」に変わる

Point

- やりたくないことをやらなくてすむようになれば、自分の存在に対する自己評価が向上する。
- ゴール設定をしないで行動すると、何をしても「やらされ感」が生じてしまう。

## 「自分がワクワクできること」が、ゴール設定の基本

では、さっそくゴールを設定してみましょう。

まずは「あなたが将来、どんな自分になりたいのか」「どんなことをやりたいのか」を考えてみてください。

ここで大事なのは、「自分の本音を隠さないこと」です。

「将来、なりたい自分」「将来、やりたいこと」が、「たくさんのお金を手に入れ、いい家に住み、おいしいものを食べ、みんなにチヤホヤされ、異性にモテるために、経営者になりたい」というものであれば、まったくかまいません。

それがあなたの、偽らざる「want to」だからです。

とにかく「自分がワクワクできること」「自分がどうしても実現したいと思うこ

と」をベースにすること。
それが、ゴール設定の基本となります。

もし、「『お金持ちになりたい』『チヤホヤされたい』といったことを『なりたい自分』『やりたいこと』にしてはいけない」という思考が働いたなら、それは、あなたが「他人の目」を気にしている証拠です。

あなたの脳内に、「お金を欲しがるのはみっともないこと」といった他者の価値観が摺り込まれており、誰に話すわけでも見せるわけでもないのに、ついつい「こんなことを他人に知られたら、呆れられてしまう」「恥ずかしい」と思ってしまうのです。

しかし、**「ゴールを設定し、それを達成するために行動する」のは、そうした「他者によって摺り込まれた価値観」からあなた自身を解放し、真にあなたらしい人生を生きるためでもあります。**

ですから、とにかく自分に対してだけは本音を隠さないようにしてください。

他人に知られなければ、あなたが何を考えていようと、誰にも責められたり呆れられたりすることはないのです。

ただ、本音をそのままゴールに設定していいわけではありません。

多くの人の「本音の願望」は、抽象度が低く、自分中心的であり、あまりゴールにふさわしいとはいえないからです。

先ほど挙げた例についても、同様です。

そこには「自分の幸せ」しか含まれていません。

ただ単に「たくさんのお金を手に入れる」「いい家に住む」「みんなにチヤホヤされる」「異性にモテる」というだけでは、人間が本来感じるにふさわしい「幸せ」とは言い難いのです。

PART1でお話ししたように、思考の抽象度の高さは、脳の進化の度合いと比例しています。

抽象度の高い思考ができるのは、あらゆる生物の中で、前頭前野が発達した人間だけです。

そして、抽象度が高くなれば高くなるほど、思考の内容は「自分中心」から離れ、より広い視野を持ったものになっていきます。

ですから、脳の進化の歴史からすると、自分のことだけでなく、他人のことをも考えることができて、初めて人間は「人間らしい」といえるのです。

そう考えると、「たくさんのお金を手に入れたい」「いい家に住みたい」「みんなにチヤホヤされたい」「異性にモテたい」といった願望は、いずれも「自分だけがいい思いをすること」「自分だけが優越感を覚えること」であり、抽象度が低い、どちらかといえば原始的な脳にふさわしい「幸せ」であると言わざるをえません。

しかも、「自分だけの幸せ」には限界があります。

自分だけの幸せを追求しているとき、人はどうしても、自分の幸せと他人の幸せを比べてしまいます。

ところが、世の中には、お金であれ何であれ、より多くのものを持っている人は必ずいるものです。

また、人間の欲望にはキリがなく、何かを手に入れれば、ほかの何かが欲しくなったり、失うのが怖くなったりもするでしょう。

自分だけの幸せを追っている限り、人は不満や不安を抱え続けることになるのです。

では、あなたにとっての「将来、なりたい自分」「将来、やりたいこと」が、次のような内容だったらどうでしょう。

「たくさんのお金を手に入れ、入居者に満足してもらえるようなマンションを建てたり、おいしいものが食べられるレストランを出したいというシェフを支援したり、多くの人が幸せになれるような事業を展開する会社の経営者になりたい」

もし、あなたが「自分が建てたマンションに住んだ入居者が満足してくれること」「自分がレストランに出資することによって、シェフやお客さんが喜んでくれること」など、「他人の幸せ」を「自分の幸せ」と感じられるなら、それは抽象度の高い、前頭前野が発達した脳にふさわしい「幸せ」だといえます。

**自分以外の人も一緒に幸せになる。それこそが、真に人間らしい「幸せ」であると、私は思うのです。**

さらに、「他人の幸せ」を「自分の幸せ」と感じられるようになれば、幸せを感じられる機会がどんどん増え、自分と他人を比べることがなくなり、手に入れたものを失う不安からも解放されます。

このようなお話をすると、「きれいごと」だという人もいるかもしれませんが、おそらくみなさんも、今までの人生の中で、「他人の幸せ」に「自分の幸せ」を感じたことが必ずあるはずです。

たとえば、父の日、母の日、親の誕生日などに贈り物をして、親の喜ぶ顔を見たとき、「幸せだ」と思いませんでしたか？

困っている人を助け、「ありがとう」と言われたとき、「幸せだ」と思ったことはありませんか？

自分が作った料理を、他人がおいしそうに食べるのを見て、「幸せだ」と思ったことはありませんか？

このように、「他人の幸せ」に「自分の幸せ」を感じるというのは、何も特別なことではありません。

私たちがふだんから、しばしば経験していることなのです。

## 「自分がワクワクできること」が、ゴール設定の基本

Point

- ゴール設定に際しては本音を隠さないようにする。
- 他人の幸せを自分の幸せとして感じることができるのは、前頭前野が発達した人間だけ。

## 人間の脳には、「他人の幸せ」を「自分の幸せ」とする仕組みがある

なお、人間の脳には「他人の幸せ」を「自分の幸せ」とするような仕組みが、いくつも備わっています。

まず、**他者に喜んでもらえるような利他的な行動をとって褒められたり、よい評価を受けたりすると、「報酬系」と呼ばれる神経回路が活発化し、快感を覚えさせる神経伝達物質であるドーパミンが、脳内に放出されます。**

これは、大昔の名残であるといわれています。

他の動物に比べ、身体能力が劣る人間が自然界で生き残るためには、他の個体と協力する必要がありました。

そのため、他の個体と戦うのを防ぐべく、「他人の幸せ」を「自分の幸せ」とする

回路が生まれたというわけです。

また、霊長類や鳥類などの脳内には、「共感細胞」とも呼ばれる「ミラーニューロン」が存在しています。

ミラーニューロンについては、まだ十分に解明されているとは言い難いのですが、この神経細胞は、ほかの個体が何らかの行動をするのを見たとき、自分が同じ行動をしたときと同じように反応するといわれています。

つまり、**ミラーニューロンが「他者の苦しみを自分の苦しみと感じ、他者の喜びを自分の喜びと感じる」という共感のメカニズムに関係している可能性は、きわめて高いのです。**

さらに、人間の脳には、前頭前野眼窩内側部《ぜんとうぜんやがんかないそくぶ》とよばれる部位があります。

**前頭前野眼窩内側部には、他人のためになるなら、たとえ自己を犠牲にしても幸せだと感じるという、特殊な機能が備わっています。**

人が自ら進んでボランティア活動をしているときには、前頭前野眼窩内側部が活発化しているのです。

ちなみに、BBCがかつてとても興味深い番組を放送したことがあります。

その番組は、ロンドンにアップルストアの第1号店がオープンしたときの模様を取材したものでしたが、店の前に長い行列を作っていた、アップル製品のファンの脳の状態を、fMRIで分析していました。

やがて、故スティーブ・ジョブズが店内に姿を現すと、興奮した「アップル教の信者」たちは、一人でいくつも製品を買い始めました。

その際、ファンの一人の脳の状態を見ると、目の奥の下あたりの脳の部位、つまり前頭前野眼窩内側部の血流量が増加していることがわかったのです。

「アップル教の信者」たちは、長い行列に並び、いくつも商品を買うという自己犠牲を払っても、「アップルを手に入れた」と、幸せを感じていたわけです。

新興宗教や悪徳企業などが、前頭前野眼窩内側部の働きを悪用しているケースも少なからずあるため、注意は必要ですが、この、人間にしかない脳の部位は、うまく使えば、ゴールを達成するうえで非常に役に立ちます。

抽象度を高め、より多くの人のためになるゴールを設定すれば、そのゴールに向かっていく過程で前頭前野眼窩内側部を活発化させることができます。

つまり、自分自身も幸せを感じながら、前向きな気持ちで、ゴールを達成することができるのです。

## 人間の脳には、「他人の幸せ」を「自分の幸せ」とする仕組みがある

Point

- 利他的な行動により、ドーパミンが脳内に放出され、快感を覚える。
- 人はミラーニューロンにより、他人の喜ぶ姿を見て自分も喜ぶことができる。
- 前頭前野眼窩内側部には、他人のために自己犠牲を払うことで幸せを感じる機能が備わっている。

## やりたいことが見つからないときは、「何をすれば他人が喜ぶか」を考える

ところで、「ゴールを設定しましょう」「将来、どんな自分になりたいか、本当にやりたいことは何かを考えましょう」といったお話をすると、必ず耳にするのが「何をゴールにしたらいいかわからない」「将来、やりたいことがわからないし、本気になれそうなことが見つからない」という言葉です。

ではなぜ、そのような人たちは、やりたいことがわからないのか、本気になれることが見つからないのかというと、答えは簡単です。

「自分中心に考えているから」です。

「自分に本当に向いていることを探したい。それによって自分が幸せになりたい」といった、いわゆる「自分探し」の人たちの自問の世界には、他人がいません。

しかし、これまでお話ししてきたように、**人間の本当の幸せは「自分だけの幸せ」の中にはありません。**

**「他人の幸せ」が入ってこそ、人間らしい「幸せ」であるといえます。**

それなのに、「自分には何が向いているんだろう」「どうすれば自分は幸せになれるんだろう」と考えていても、答えが出るはずがないのです。

ですから、「やりたいことがわからない」という人は、ためしにぜひ「自分が何をすれば、他人が喜ぶだろう」と考えてみてください。

「やりたいことがわからない」という人でも、今までの人生において「自分がしたことで、他人が喜んでくれた」という経験が、必ず一つはあるはずです。

それを探してみるのです。

親の肩や腰を揉《も》んであげたら、「気持ちがいい」と、とても喜ばれた。

友だちが、パソコンの設定ができずに困っていたので、助けてあげたら、とても喜ばれた。

同僚の結婚式のためにウェルカムボードを作り、絵を描いてあげたら、とても喜ばれた。


どんなささいなことでもかまいません。

「自分がしたことで、他人が喜んでくれた」経験や、「自分がこれをやれば、他人が喜んでくれるんじゃないだろうか」と思えることがあれば、それをもとにして、あらためて「将来やりたいこと」を考えてみましょう。


「タイ式マッサージを習得して、たくさんの人の体の疲れを癒やす」

「パソコンが苦手な高齢者のために、基礎をわかりやすく教えるパソコン教室を開く」

「見た人が幸せになるような絵を描く、イラストレーターになる」など、他人に喜ばれ、自分も幸せになれるような、何らかのゴールが見えてくるかもしれません。

一方、みなさんの中には、ここまで読んで、なおも「他人の幸せを自分の幸せだと感じることができない」「『たくさんのお金を手に入れ、いい家に住み、おいしいものを食べ、みんなにチヤホヤされ、異性にモテるために、経営者になる』という将来像以外は考えられない」という人がいるかもしれませんが、それはそれで、もちろんかまいません。

無理に「他人の幸せ」を考えたゴールを設定しても、それは「have to」にすぎず、「want to」にはならないからです。

**抽象度の低い欲求はゴールにはなりえませんが、新しい自分に向け、スタートダッシュを切るためのエネルギーにはなります。**

そのような人は、「今の自分の抽象度が低すぎる」という自覚をしっかり持ちつつ、まずは本音の欲求を当面の目標としつつ、少しずつ抽象度を高めていきましょう。

つまり、「たくさんのお金を手に入れ、いい家に住み、おいしいものを食べ、みんなにチヤホヤされ、異性にモテる」という欲求を満たすと同時に、経営者になったら、より多くの人たちの幸せのために何ができるかを考えるのです。

その問いに対し、自分なりに納得のいく答えが出たら、それこそがあなたが向かうべき、本物のゴールとなるはずです。

## やりたいことが見つからないときは、「何をすれば他人が喜ぶか」を考える

**Point**

- 自分だけでなく他人の幸せも入ってこそ、人間らしい「幸せ」。
- 自分がしたことで他人が喜んでくれた経験を思い出してみる。
- 抽象度の低い欲求はゴールにはなりえないが、行動するエネルギーにはなる。

## ゴールは、「現状の外側」に設定する

さて、ゴールを設定するにあたって、みなさんにもう一つ、注意していただきたいことがあります。

それは、**「ゴールは現状（日常的現実）の外側に設定する」**ということです。

「突拍子もないゴールを設定する」といえば、わかりやすいかもしれません。

たとえば、医療の知識など何一つ持っていない会社員のあなたが、海外の無医村で働く医師の生き方を知って感銘を受け、「自分も医師になって、世界中の困っている人を助けたい」と考えれば、それは「現状の外側」のゴールとなります。

しかし、あなたが「今働いている会社で出世して社長になる」と考えたとしたら、それは「現状の内側」であり、ゴールとしては不適切です。

今のあなたにとっては「突拍子もないこと」に思えるかもしれませんが、現状を一生懸命に維持していれば、あるいは「さらに努力する」「効率を上げる」など、現状を最適化すれば、達成できる可能性があるからです。

つまり、「今、働いている会社の社長になること」はあくまでも「現実の理想的状態」にすぎず、現状を肯定していることになるため、「今の会社でいろいろなことを我慢しながら働き続ける自分」がコンフォート・ゾーンとなり、そこに向かってホメオスタシスが作用します。

それではいつまでも、根本的に自分を変えることはできず、問題を解決することもできません。

現状というのは、過去のゴール設定の結果です。

そして、一度ゴールを設定してしまうと、意識的に変えようとしない限り、ホメオスタシスの作用により、脳は同じ状態を維持しようとします。

たとえ「自分の『性格』を変えたい」「自分の人生を変えたい」と思っても、現状のまま、現在の価値観のまま生きていこうとする力が強く働くため、変わることができないのです。

あなたが何年も前から同じことで悩み苦しんでおり、なんとか今の自分や今の状態を変えたいと思っているのに、なかなか変えられずにいるとしたら、潜在意識の中に「現状を維持する」というゴールが設定されている可能性があります。

ですから、本気で「自分の『性格』を変えたい」「自分の人生を変えたい」と思っているのであれば、現状の外側にゴールを再設定する必要があります。

**現状の外側に設定したゴールを脳が認識すれば、そこに向かってホメオスタシスが作用し、コンフォート・ゾーンが移動するからです。**

また、過去のゴール設定は、あなたの自由意思で決めたものではありません。

親や先生、友人、メディアなどによって摺り込まれた「あなたは～な性格である」「あなたは～な人生を歩むべきである」「～があなたにとっての幸せだ」といった価値観に基づいて、設定してしまったものです。

現状の内側にゴールを設定している限り、結局はそうした「過去に、他者によって摺り込まれた価値観」の縛りから自由になることはできません。

現状の自分の外側に出ない限り、自分自身の自由意思で生き方や目標を決めるのは難しいのです。

なお、「自分が設定しようと思っているゴールが、現状の外側にあるかどうかわからない」という人は、「もしそれを家族や友人など、周りの人たちに話したら、どんな反応が返ってくるか」を考えてみてください。

もちろん相手の価値観にもよりますが、**もし「周りの多くの人たちが、『バカじゃないの？』『現実を見ろ』と呆れたり、止めようとしたりしそうだな」と思うなら、**

**そのゴール設定は、むしろ正解だといえるでしょう。**

現状の外側のゴールは、他の人たちからすれば、とうてい実現しそうにないものに見えるからです。

あるいは、**「ゴール設定はよさそうだけれど、それが現状の外側にあるかどうかわからない」という人は、思い切ってそれを10倍してみてください。**

たとえば、あなたが「自分は作家になって、来年は本を一冊出す」というゴールを設定したとします。

もちろんこれだけでも、まとまった文章をまったく書いたことがない人にとっては、十分に「現状の外側のゴール」だといえるかもしれません。

しかし、学生時代に作文や論文を書いたことがあれば、文章を書くこと自体はできるということですから、一年に一冊本を出すというのは、決して不可能とはいえません。

そこで、冊数を一気に10倍にし、ゴールを「自分は作家になって、来年は本を10冊出す」にするのです。

そうなると、仕入れなければならない情報、考えなければならないことは一気に増えますし、そのゴールに向けて、自然と積極的に行動するようになるでしょう。

**現状の外側のゴールは、極端なくらいがちょうどいいのです。**

## ゴールは、「現状の外側」に設定する

**Point**

- ゴール設定の基準は、それを聞いた他人が呆れるかどうか。
- ゴールは極端なぐらいがちょうどいい。設定を 10 倍するのも手。

## 「ゴールに向かって進む自分」をイメージすることで、道筋が見えてくる

現状の外側にゴールを設定した場合、おそらく最初のうちは「何をすればいいのかわからない」「どうすればゴールを達成できるのか、まったくわからない」という気持ちに襲われるでしょう。

それは当然のことであり、仕方のないことでもあります。

「現状の内側からは、どうやって達成したらいいのかまったく見えない」「想像がつかない」ことに、意味があるからです。

現状の内側にいながら、先の予想ができるなら、そのゴールは現状を維持しながらでも達成可能であり、「現状の外側のゴール」とはいえません。

しかし、心配することはありません。

道筋は、いずれ必ず見えてきます。

ただ、そのためにぜひやっていただきたいことがあります。

それは**「ゴールに向かって進んでいく自分の姿をイメージする」**ことです。

しかも、**できるだけリアルなイメージを、繰り返し思い浮かべるようにしましょう。**

たとえば、会社員のあなたが「医師になって、世界中の困っている人を助ける」ことをゴールに設定したなら、飛行機に乗って世界のさまざまな国を回っている自分の姿や、たくさんの患者さんの診察、治療を行っている自分の姿をイメージするのです。

すると脳内では、非常に興味深いことが起こります。

**脳は、臨場感が高い脳内の仮想的世界（イメージ）を「現実」として認識します。**

そのため、「医師として働くあなた」のイメージの臨場感が強くなると、「会社員として、さまざまなことに我慢をしながら働いているあなた」という物理的現実世界との間にギャップが生じます。

こうしたギャップを、現代認知科学では**「認知的不協和」**といいます。

脳は認知的不協和を感じると、それを解消しようと働き始めますが、このとき、仮想的世界と物理的現実世界のうち、より臨場感が高い方を「現実の自分」として選びます。

つまり、「会社員として働くあなた」よりも「医師として働くあなた」のイメージの臨場感の方が強くなると、「医師として働くあなた」に対してホメオスタシスが作用するようになり、コンフォート・ゾーンがそちらの方に移動するのです。

ゴール側にコンフォート・ゾーンが移動すると、スコトーマが外れ、見える景色が変わります。

それまでまったく見えていなかった「医師になるための道筋」が、見えてくるようになるのです。

道筋が見えてきた後、新しいコンフォート・ゾーンでゴールをイメージすれば、臨場感はいっそう高まります。

すると、そこに向かってホメオスタシスが作用するため、コンフォート・ゾーンが、よりゴール側へと移動し、さらにスコトーマが外れます。

こうしたプロセスを繰り返せば、誰でも、最初は実現不可能と思われたゴールに向かって、着実に近づいていくことができます。

これは、コーチング理論では広く知られていることであり、私のクライアントたちもことごとく経験しています。

**「ゴールに向かって進む自分」を**
**イメージすることで、道筋が見えてくる**

**Point**

- できるだけリアルなイメージを繰り返し思い浮かべよう。
- 脳は、臨場感が高い仮想的世界を「現実」として理解する。
- ホメオスタシスが働き、理想の世界に近づく道筋が見えてくる。

## 人間の脳は、文字情報だけでも、臨場感を感じることができる

このようなお話をすると、もしかしたらみなさんは、「脳が、ただのイメージを現実として認識するとか、突然スコトーマが外れて、今まで見えなかったものが見えてくるとか、本当にそんなことが起こるのか」と疑問に思われるかもしれません。

しかしこれらはいずれも、みなさんが日常的に体験していることです。


近年、ヴァーチャル・リアリティ（ＶＲ）を使ったゲームが発売され、ＶＲを体験できる施設が各所にオープンするなど、ＶＲが身近なものになりつつあります。

ＶＲは、音や映像によって臨場感を高め、仮想現実の世界を、さも現実世界のように感じさせるというものです。

実際に体験された方は、そのあまりのリアルさに驚き、緊迫する場面では冷や汗をかいたり、心臓がドキドキしたり、叫び声を上げたりしてしまったのではないでしょ

うか。

VRを体験して、冷や汗をかいたり心臓がドキドキしたりするのは、脳が仮想現実の世界を、現実世界だと認識している証拠です。

あまりにも臨場感が高く、緊迫した状況を「現実である」と認識したからこそ、脳が慌てて指令を出し、アドレナリンなどの神経伝達物質が分泌され、発汗が促されたり、心拍数が上がったりしたわけです。

さて、わかりやすいVRの例を最初に紹介しましたが、実は人間の脳が「現実」と認識するイメージには、音も映像も必要ありません。

みなさんは、小説を読みながら、その世界に入り込み、腹を立てたりハラハラしたり、涙を流したりしたことはありませんか？

つまり、人間は、完全に文字情報だけで構成されている小説の世界にも十分に臨場感を感じることができるのです。

そして、脳が小説の世界を「現実」であると認識したために、体にもさまざまな反応が現れるわけです。

それどころか、私たちは時々、VRを体験した後や映画を観終わった後、小説を読み終わった後などに、「その世界にはまりすぎてしまって、なかなか現実世界に戻れない」という経験をすることがあります。

あるいは、「人と会話をしている最中に、ふと何かを想像してボーっとしてしまい、相手に怒られた」といった経験をしたことがある人もいるでしょう。

これらはまさに、**「脳が一時的に、物理的現実世界よりも、仮想的世界を『現実』と認識している」**状態であるといえます。

このように脳は、ときには文字だけの情報ですら、物理的現実世界以上に「現実」

として認識し、それに伴って、心身にさまざまな影響が生じるのです。

さらに、次のような状況を想像してみてください。

あなたともう一人の同僚に、上司からある課題が与えられました。あなたは、その課題を解決するのは難しいと考えており、同僚と解決策について話し合っていても、なかなかアイデアが浮かびません。

ところが同僚は、過去の経験から「世の中に、解決できない問題はない」という信念を持っており、それを前提として熱弁をふるいます。

最初のうちは「うっとうしいな」「そんなに簡単に解決できるはずがない」「さっさとあきらめよう」などと思っていたあなたですが、「絶対に何か方法はあるはず」という同僚の言葉を聞いているうちに、少しずつ相手のペースに巻き込まれていき、やがて突然、思いもよらなかった解決策が頭に浮かんだ——。

これは、「突然スコトーマが外れて、今まで見えなかったものが見えた」例です。

**同僚の熱心な言葉により、あなたの脳が、「簡単に解決できるはずがない」というイメージよりも、「絶対に解決できる」というイメージに臨場感を感じた結果、コンフォート・ゾーンが移動し、解決策を見えなくしていたスコトーマが外れたわけです。**

「脳が、ただのイメージを現実として認識する」「突然スコトーマが外れて、今まで見えなかったものが見えてくる」というのが一体どういうことなのか、ご理解いただけたなら、みなさんもぜひ確信をもって、ゴールを達成した自分自身の姿をイメージしてみてください。

## 人間の脳は、文字情報だけでも、臨場感を感じることができる

**Point**

- VRなどで疑似体験ができるのは、仮想現実に臨場感を感じることができるから。
- 小説などに感情移入するのは、その世界を「現実」と認識したから。
- 力強い他者の言葉は人の臨場感空間に影響を与え、スコトーマを外すこともある。

## 記憶は、新たに作ることができる

ただ、中には「ゴールに向かって進む自分の姿が、うまくイメージできない」という人もいるかもしれません。

ゴール自体が、現在の自分にとっては「現状の外側にある、突拍子もないこと」ですから、なかなか想像できないのも仕方がないでしょう。

そのような場合は、さまざまな情報や過去の記憶を利用するのも一つの手です。

「医師になって、世界中の困っている人を助ける」ことをゴールに設定したなら、医療もののテレビドラマや映画、無医村で働く医師のドキュメンタリー映像などを参考に、「現在、医師として、世界中の無医村で働いている自分の姿」を、できるだけリアルにイメージするのです。

そこに、さらに、過去の自分の情動記憶、特に成功したときの喜びや感動などをプラスしましょう。

たとえば、困っている人を助け、「ありがとう」と言われたときの嬉しい気持ち、重大な使命を与えられたときの奮い立つような気持ちなどを、脳内のイメージに重ね合わせます。

新しく作った「現在の自分のイメージ」に、過去の成功したときの感情を貼りつけ、それを何度も脳内で再生することによって、あなたの脳内に、知らず知らずのうちに、「新しい現在の記憶」が摺り込まれ、その臨場感が高まれば高まるほど、脳はそれを「現実」と認識し、コンフォート・ゾーンが移動していきます。

そして、**「新しい記憶」に向かってホメオスタシスが作用するようになり、そのイメージにふさわしい自分に変わろうとする力が働き始めるのです。**

もし、それまでのあなたが出不精で、海外に行ったことすらなかったとしても、「医師として、世界中の無医村を訪れる」という「新しい記憶」が、脳によって「現実」として認識されると、自然とフットワークが軽くなるでしょう。

しかも、「仕方なく」「いやいやと」ではなく「自ら進んで」「ワクワクして」方々《ほうぼう》へ行くようになるはずです。

**「ゴールに向かって進む自分」のイメージに臨場感を感じられれば、「一生懸命に努力した」「いろいろなことを我慢して頑張った」といった意識を持つことなく、自然にゴールへ近づいていくことができるのです。**

しかも、それによって変わるのは、自分だけではありません。

同僚の言葉でスコトーマが外れていく例のように、**その人が持っているイメージに臨場感が感じられれば、周りの人も少しずつ、そこに巻き込まれていきます。**

あなたの設定したゴールに対し、最初のうちは「バカじゃないの？」「現実を見ろ」と呆れたり、止めようとしたりした人たちも、あなたの中で「ゴールを達成した自分」のイメージに対する臨場感が高まっていけば、自然と「この人にはきっと、達成できるにちがいない」と感じるようになり、応援してくれるようになるでしょう。

## 記憶は、
## 新たに作ることができる

**Point**

- 臨場感を高めるには、テレビドラマの主人公などに自分を重ね、そこに過去のポジティブな情動をプラスし、記憶を合成する。
- 臨場感が高まれば、「いやいや」が「自ら進んで」に変わり、周囲も応援してくれるようになる。

## 「恐怖」という感情こそが、なりたい自分になるのを妨げている

ところでみなさんは、ゴールを達成するうえで、もっとも妨げになるのは、どのような感情だと思いますか？

「面倒くさい」「怠けたい」という感情でしょうか。

「がっかりする」「心が折れる」という感情でしょうか。

たしかにいずれも、ゴールの達成においてマイナスにはなりますが、正解は違います。

実は、**「恐怖」という感情を克服できるかどうかが、ゴールの達成においては非常に重要なのです。**

特に現代日本においては、「食べていけない」という恐怖が、人々を縛りつけ、可能性を殺しています。

「やりたくない仕事」を我慢して続けている人に理由を尋ねたら、おそらく「会社を辞めたら、食べていけなくなるから」と答える人がもっとも多いはずです。

「ゴールを設定する」という方法についても、同様です。

現状の外側にゴールを設定した場合、最初のうちは、達成までの道筋が見えません。そのような状態で会社を辞めたり、仕事を変えたりすることに対し、「食べていけなくなるのでは」という恐怖を感じてしまう人は、少なくないでしょう。

**恐怖は、生物が危機を回避するうえで、必要不可欠な感情です。**

やけどをしたり、溺れたりするのを避けるため、動物にはもともと火や水を恐怖するように、遺伝子レベルでプログラミングされています。

また、サルの扁桃体《へんとうたい》には、ヘビを認識する細胞が存在しているといわれており、ゴムホースなどヘビに似たものを見ただけで、瞬間的に逃げ出します。

ほかの感情と違い、「原因となる出来事を、前頭前野が評価する」というプロセスが入らないことが多いのが、恐怖という感情の特徴だといえるでしょう。

敵に遭遇するなど危険に直面したとき、「何が起こったか」を冷静に分析している暇はありません。

立ち向かうか、恐怖を感じて逃げるかをとっさに判断しなければ、生物は生命を維持することができないからです。

そして、1万年ほど前に農耕を始めるまで、あまりにも長い間、飢餓による死と背中あわせに生きてきた人間の扁桃体には、飢餓への恐怖が強く刻み込まれていると考えられます。

それが現代においても、「仕事がなくなる」という想像をするたびに、引っ張り出されてしまうのです。

しかも、社会には、そうした飢餓への恐怖を、他人をコントロールするために利用する人がいます。

たとえば、「やりたいことがあるから、会社を辞める」という社員に対し、辞められたら困るという理由で「世の中、甘くないぞ。ここを辞めて、食っていけるわけがないだろう」「ホームレスになっても知らないぞ」などと引き留める上司。「会社を辞め、やりたいことをやって生きていきたい」という子どもを心配するあまり、「そんなことで食べていけるの？　考え直しなさい」と諭す親。

こうした外部からの言葉は、「会社を辞めたら食べていけなくなる」というブリーフシステムを作り、恐怖と結びつき、ゴールの達成に向けて動き出そうとする人の行動を阻んでしまうのです。

しかし、**現代日本において、会社を辞めたからといって、すぐに餓死するようなことはありません。**

仮に、ゴールに向けての試みが失敗に終わったとしても、仕事さえ選ばなければ、お金を稼ぐ方法はいくらでもあります。

アルバイトをしてお金を貯《た》め、またゴールに向かって歩き出せばいいだけの話です。

万が一、生活が困窮し、ままならなくなった場合には、生活保護制度などに頼るという手段もあります。

もちろん、一時的に収入が減ることはありますが、それは決して特別なことではありません。

本来、この社会の中で生きていくうえで、収入の増減があるのは当たり前です。

会社員の場合、会社自体の収益には波があるものの、自分の手元に入る月々の給料が一定なため、気づきにくいだけなのです。

ですから、言葉は正確に使うように心がけましょう。
「食べていけなくなる」という表現は、ホームレスになった自分や、餓死した自分のイメージを想起させ、扁桃体に刻み込まれた飢餓への恐怖が引っ張り出されてしまいます。

もし、会社を辞めたり仕事を変えたりすることに対し、家族や周りの人たちから「食べていけなくなる」と反対されたら、「一時的に収入が減る可能性があるだけだ」と伝えるようにしましょう。

## 「恐怖」という感情こそが、なりたい自分になるのを妨げている

**Point**

- 「会社を辞めたら食べていけなくなる」という恐怖は、脳に刻み込まれた飢餓への恐怖に起因している。
- 実際には、食べていけなくなることはない。
- 「食べていけなくなる」という言葉は恐怖へのきっかけになるので、注意しよう。

## 会社で働きながら、「現状の外側」を見ることはできない

ゴールの達成に向けて動き出そうとしている人の足を引っ張るのは、「食えなくなる」という恐怖だけではありません。
「失敗すること」「うまくいかないこと」に対する単純な恐怖、「家族に迷惑をかけるのではないか」という恐怖、「あいつの人生、終わったな」などと人に噂《うわさ》されることに対する恐怖なども、妨げとなります。

当然のことながら、これらも、まったく抱かなくていい恐怖です。

PART2で、私は「未来が過去を作る」とお伝えしましたが、自分の未来は最高であると確信して生きることができれば、過去や現在の自分がどのような状況にあろうと、その経験は最高のものとなります。

一時的に失敗したり、みじめな思いをすることになったとしても、将来、ゴールを

達成したときには「あのとき失敗したり、みじめな思いをしたりしたおかげで、今の成功があるのだ」と思えるはずです。
人の目や人の評価など気にする必要がないのは、言うまでもありません。

また、会社を辞めようとする人に対して、「辞めた後の生活のことをちゃんと考えてからにした方がいい」「ある程度、次の仕事のめどがたってから辞めた方がいい」とアドバイスする人は、少なくありません。

ゴールは現状の外側に設定するのですから、最初のうちは、なかなか道筋が見えないものです。
周りの人がこのように言いたくなる気持ちもわかりますし、こうした言葉に気持ちが揺らぐ人もいるかもしれませんが、私はその考えには反対です。

現状の内側にいる人は、スコトーマに遮られ、なかなか現状の外側を見ることができません。

**会社で働きながら、現状の外側のゴールを達成するための道筋を見出《みいだ》すのは至難の業ですし、会社で働きながら考えた道筋など、基本的には現状の延長線上にすぎないのです。**

多くの場合、会社を辞め、実際に現状の外側に足を踏み出したとき、初めてコンフォート・ゾーンが大きく移動し、ホメオスタシスの作用が変わります。

そしてスコトーマが外れ、見える景色が変わり、その先の道筋が見えてきます。

しかし、会社で働きながら、現状の延長線上に描いた道筋を歩む限り、コンフォート・ゾーンの移動は起こらず、スコトーマも外れません。

たとえその後で会社を辞めても、ホメオスタシスは「会社勤めをしていたころの状態」を維持する方向へと作用してしまうのです。

それでは意味がありません。

ですから、私は「会社を辞めたい」という思いを抱えながら、恐怖という感情に妨げられて実行できずにいる人には、とにかく「スパッと辞めること」をおすすめしています。

そうすれば、必ず新しい景色が見えてきますから、その時点でこれからの道筋を考え、行動すればいいのです。

そこまで思い切ることができないなら、これまでお話ししてきたように、まずは自分が「本当にやりたいこと」を見つけ、現状の外側にゴールを設定しましょう。

そして、ポジティブな自己対話を繰り返しながら、ゴールに向かって進む自分の姿を、できるだけリアルにイメージし続けます。

脳が、そのイメージの方を「現実」として認識するくらいまでに臨場感が高まったころには、恐怖の感情もなくなり、あっさりと会社を辞められるはずです。

## 会社で働きながら、「現状の外側」を見ることはできない

Point

- 会社で働きながら考えた道筋は、現状の延長線上にすぎない。
- 実際の現状の外側に足を踏み出したとき、おのずと道筋は見えてくるもの。

## 「性格」を変えるうえで、なぜ「ゴールの設定」が効果的なのか

PART3では、ゴールを設定することにより、なりたい自分になる方法について、詳しくお伝えしてきました。

もしかしたらみなさんの中には、「医師になって、世界中の困っている人を助ける」といったゴールを設定することが、「性格」、つまり認識や行動のパターンを変えるうえで、どのような効果を発揮するのか、いま一つわからないと思っている方もいるかもしれません。

しかし、実はこうした**ゴールを設定することは、「性格」に関する悩みを解消したり「性格」を変えたりするうえで、非常に効果的です。**

まず、**達成したいゴールがあり、そこに向けて行動をしていれば、ゴールの達成に必要なこと以外で悩んだり、振り回されたりすることがなくなります。**

そのゴールは、他者から押しつけられたものではない、あなたにとって「本当にやりたいこと」であり、考えただけでワクワクするようなことです。

当然、それを達成するために行うすべてのことは、「want to」、つまり「やりたいこと」になります。

しかも現状の外側の、突拍子もないゴールですから、考えること、やることは山のようにあります。

つまり、**「自分の『性格』を変えたい」などと悩んでいる暇はなく、悩む気さえ起きないのです。**

また、「性格」は環境によって大きく変わります。

たとえば今までは、出不精で、臆病で、くよくよしがちな「性格」だったあなたが「医師となって、世界中の困っている人を助ける」というゴールを設定し、そのイメージの臨場感を、脳が「現実」と認識するまでに高めていったとしましょう。

すると脳は、今までのあなたの思考や行動のパターンを、「医師であるあなたにはふさわしくない」と判断するようになります。

出不精のままでは、世界中のさまざまな国を訪れることができず、臆病のままでは、手術をしたり、思い切った治療を施したりすることができず、いちいちくよくよしていては、次から次へと現れる患者さんに対応できないからです。

そして、**脳は、「ゴール設定された自己イメージ」と「思考や行動の傾向」との間にあるギャップ（認知的不協和）を解消するべく、働き始めます。**

しかも、「医師であるあなた」のイメージの方が臨場感が高く、コンフォート・ゾーンも移動しているので、知らず知らずのうちに、そちらに合った行動を選ばせるようになるのです。

こうしてあなたは、知らず知らずのうちに積極的な行動、勇気ある行動、くよくよしない思考を選ぶようになり、日常生活におけるあなたのふるまいは変わっていくでしょう。

それに伴い、周りの人からの評価も変わります。

最初のうちは過去の記憶にとらわれ、あなたを「出不精で臆病でくよくよしがちな人間である」と評価していた人たちの中から、少しずつあなたの変化に気づき、評価を変える人が現れるでしょう。

もちろん、他者の評価はあまり気にする必要がありませんが、「積極的ですね」「勇気がありますね」という言葉を受け取る機会が増えれば、当然のことながら、あなたの自己イメージも影響を受け、自己評価も上がっていくでしょう。

**「ゴールを設定することにより、『性格』が変わる」**というのは、**「未来が過去を作る」**の実践であり、**「『将来、こういう自分になりたい』というゴール（未来）から逆算して、現在や過去の自分をとらえ直す」**ことにあたります。

みなさんの中には「性格」を変えようとして、これまでさまざまな方法を試した人もいるでしょう。

「暗い性格」を変えようとして、頑張って「明るく」ふるまってみたり、「自分は『明るい』人間だ」と言い聞かせていたり、「明るい」自分をイメージしてみたり……。

でも、それらはなかなかうまくいかなかったはずです。

なぜなら、「『性格』を変える」ことを目的にすると、意識が、その「変えたい『性格』」にフォーカスされ、ますます「過去の自己イメージ」が強化されてしまうからです。

この例でいえば、「『明るく』ならなければならない」という思いによって、余計に

「自分は『暗い』人間である」というメッセージが、脳内に摺り込まれていってしまうわけです。

しかも、脳内に摺り込まれた「過去の自己イメージ」を残したまま、思考や行動の傾向だけを変えようとしているので、脳はその認知的不協和を、より臨場感の高い「過去の自己イメージ」に合わせて、修正しようとします。

つまり、ホメオスタシスの強力な作用が、マイナスの方に働いてしまうわけです。

そのため、どうしても無理が生じて疲れてしまったり、「明るい」ふるまいが板につかず、すぐもとに戻ってしまったりするのです。

ところが、**「ゴールを設定する」という方法は「性格」に焦点をあてていないので、「変えたい『性格』」を意識せずにすみ、「過去の自己イメージ」が強化されることはありません。**

そして、「新しい自己イメージ」に、より臨場感を持たせることにより、ホメオスタシスがプラスに作用し、自然と「新しい自己イメージ」に合った選択や行動をとるようになります。

少し回りくどいやり方だと思われるかもしれませんが、「ゴールを設定する」ことこそが、もっとも無理なく確実に「性格」を変えることができる方法なのです。

## 「性格」を変えるうえで、なぜ「ゴールの設定」が効果的なのか

Point

- ゴール達成に向けて活動していれば、性格に関する悩みはいつのまにか消えている。
- 「将来、なりたい自分」をゴールに設定し、イメージを高め、ゴールの達成に向かって行動する。そうすれば、人はやりたいことだけをやり、真に自分らしく生きられるようになる。

Part 4

# 日本人の「性格」は、こうしてつくられた

## 「性格を変えたい人」は、「本当は変わりたくない人」である

これまでお話ししてきたように、人には「固有の性格」はありません。

人々が「これが自分の性格だ」と思っているものは、他人との比較や過去の記憶（外部の言葉など）に基づいて、勝手に抱いた自己イメージにすぎません。

そして、「自分は〜な性格だ」「自分は〜な人間だ」という自己イメージは、ブリーフ化し、ブリーフシステムを作り、私たちは知らず知らずのうちに、その自己イメージにふさわしい思考や行動を選択しています。

それによって、自己イメージはますます強化されます。

ただ、ブリーフシステムが決定する思考や行動の傾向も、常に同じではありません。

私たちは、そのとき置かれている環境、特に対面している相手によって、行動のパ

ターンを変えているからです。

**「内弁慶」という言葉がありますが、よその人の前では「おとなしくて感じのいい性格」なのに、家族の前では「威張りちらして傲慢な性格」になる、といったことは、多かれ少なかれ、誰でも覚えがあるのではないでしょうか。**

一方、自己イメージ通りにふるまっている他者を見て、人は「あの人は～な性格だ」「あの人は～な人間だ」といった評価を下します。

その評価も決して客観的・絶対的なものではなく、あくまでもその人の価値観を基準にしています。

たとえば、AさんがBさんを見て「Bさんは明るい性格だ」と思うのは、「Bさんのふるまいが、Aさんが『明るい』と判断する基準以上である（ように、Aさんには見える）」というだけのことなのです。

これが、世の中で「性格」といわれているものの正体です。どこまでもあやふやであいまいで、実体がありません。それなのに、多くの人が「人には固有の性格がある」と盲目的に信じていることから、さまざまな問題が起こります。

自分の性格に悩んだり落ち込んだり、人に「あの人は〜な性格だから」といったレッテルを貼ったり、人の性格を変えたいと思ったり、物事がうまくいかないのを性格のせいにして、本当の原因を見逃してしまったり……。「性格」というものが幻想にすぎない以上、それらはすべて無意味なことであり、時間とエネルギーの無駄でしかありません。

なお、私はよく「自分の性格を変えたい」という人に会うのですが、そのうち、本気で「自分を変えたい」と思っている人は、ごくわずかです。

たとえば、「結婚したいけれどなかなか結婚できないので、自分の性格を変えたい」という人は、決して「性格」＝「自己イメージや、思考・行動の傾向」を左右しているブリーフシステムまで変えようとはしません。

本当に「性格」を変えようと思ったら、思考の抽象度を高め、ブリーフシステム自体を見直す必要があります。

そうすれば、そもそも「結婚したい」（結婚しなければならない）というブリーフシステムが幻想であり、脳から消し去ってよいものだということがわかり、生き方自体が大きく変わるでしょう。

しかし彼らが望んでいるのは、現状の内側で、ブリーフシステムに束縛されたまま、手っ取り早く「結婚できるための戦略」を身につけることだけです。

こうした思い違いが起こるのも、人々が「性格」というものの正体を知らないためだといえるでしょう。

## 「性格を変えたい人」は、「本当は変わりたくない人」である

Point

- 「内弁慶」という言葉は、性格が個人に固有でないことの表れ。
- 「性格を変えたい」という人の中で、本当に「自分を変えたい」と思っている人はごくわずか。

## 人はさまざまな幻想に支配されている

私たちを束縛したり振り回したりしている幻想は、他にもたくさんあります。

「いい学校に進み、いい会社に入ってこそ幸せである」「家庭を持ってこそ幸せである」「自分の家を建ててこそ幸せである」といった幸福観。

「社会人はこうあるべき」「家族はこうあるべき」といった暗黙のルール。

「会社を辞めたら食べていけなくなる」「結婚しなければ孤独で淋しい人生になる」といった恐怖。

日々の生活の中で、親や兄弟、教師、友人、メディアなどによって摺り込まれたこうした価値観は、情動と結びつき、ブリーフシステムとして前頭前野に蓄積されていきます。

いずれも実体はなく、幻想にすぎません。

いい学校に進み、いい会社に入ったから、家庭を持ったから、家を建てたからといって、幸せになれるとは限らず、むしろ苦しみを抱えることも多いでしょう。

**「〜はこうあるべき」といった価値観やルールは決して絶対的なものではなく、場所や時代が違えば簡単に変わってしまいます。**

恐怖という感情の無意味さについても、ＰＡＲＴ３でお伝えした通りです。

しかし、私たちはそれらを盲目的に信じ込まされています。

「自分の意思で選んだ」「自分の意思で行った」と思っている選択や行為のほとんどは、誰かに選ばされていたり、やらされたりしていることであり、多くの人が、こうした過去の記憶、他者の価値観をもとに、自分の未来を決めてしまっているのです。

もっとも、私は、ブリーフシステムの存在自体を否定しているわけではありません。

ブリーフシステムは、社会による教育の成果でもあります。

教育が行われ、ブリーフシステムによって行動が制御されなければ、人間はもっと本能のおもむくままに、利己的に生きることになってしまうでしょう。

ただ、過去に摺り込まれた他者の価値観に振り回され、縛られて生きるのは、やはり「幸せ」ではありません。

それは、他者によって洗脳され、支配され、奴隷化して生きることだからです。

自分の本当の意思、自分の本当の望みに気づくことなく、他者の欲望を満たすために踊らされ続けて一生を終えるのは、とてもむなしいことだと思いませんか？

**なお、現代の日本において、もっとも強力な洗脳装置として機能しているのが、テレビです。**

映像や音が生み出す臨場感は、人の脳に強いインパクトを与えます。

近年、多少はテレビ離れが進んだとはいえ、テレビが流す情報を鵜呑《うの》みにしてしまう人は、まだまだたくさんいますし、テレビで活躍した人、テレビで人気のある人が選挙で選ばれ、政治家になることも少なくありません。

テレビからの情報は、現代の日本人のブリーフシステムに、かなり色濃く反映されているはずです。

これは、異常かつ危険な状態であるといえるでしょう。

また、多くの人は何も気づかずに、大手広告代理店やテレビ局、芸能プロダクションなどが提示する価値観を受け入れ、彼らが次々と与える欲望にとらわれています。

洋服、旅行、グルメ、人にうらやましがられるような生活……。

たまに欲しいものを手に入れても、すぐにまた欲しいものが現れるため、本当に満足できることはありません。

まさに、仏教でいうところの、「餓鬼」の状態に陥ってしまっているのです。

人は、洗脳による支配から自由になったとき、初めて自分の本当の意思に基づいて未来を選択できるようになります。

そのためには、思考の抽象度を高め、物事をより俯瞰《ふかん》して眺めること、スコトーマをずらし、見える世界を変えることなどが必要です。

PART2やPART3でご紹介したのは、単なる「『性格』を変える方法」ではありません。

さまざまな洗脳から解放され、他者からの摺り込みによるものではない、自分自身の価値観に基づいて、本当の意味で自由に生きていくための方法なのです。

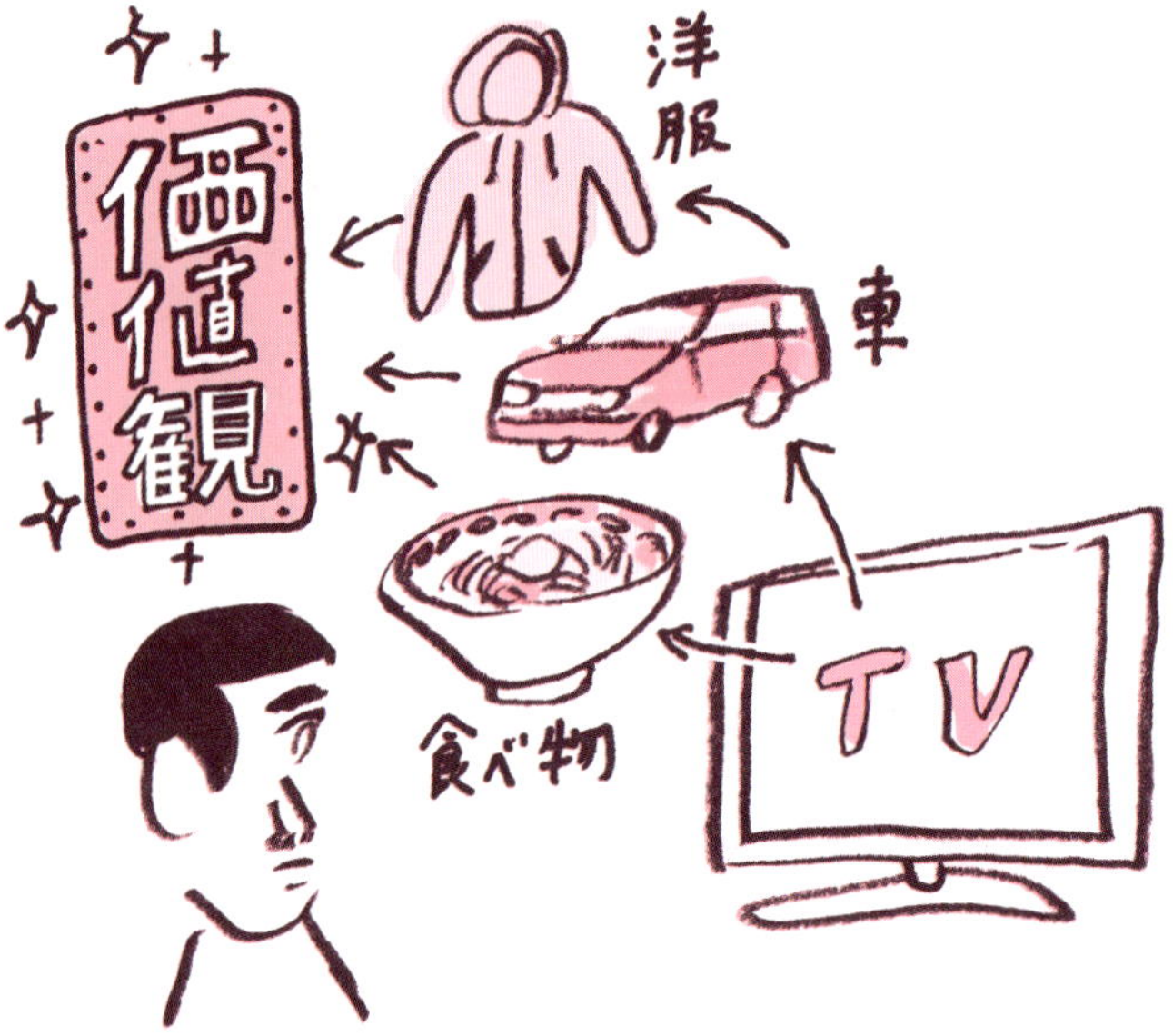


## 人はさまざまな幻想に支配されている

**Point**

- 人々が信じる価値観やルールは、時代や場所で簡単に変わる。
- 現代の日本におけるもっとも強力な洗脳装置はテレビ。
- テレビから流れる情報は、日本人のブリーフシステムに大きく影響を与えている。

## 日本人の「国民性」は、儒教によって作られた

ところで、「性格」＝「思考や行動の傾向」を持つのは、個人だけではありません。「県民性」「国民性」とよばれるものなどは、まさに集団の「性格」にあたります。

もちろん、「県民性」や「国民性」も、遺伝などによって自然発生的に生まれるものではなく、その集団に属する人々が、何によってどのように教育・洗脳されているか、人々の脳の前頭前野にどのようなブリーフシステムが作られているかによって規定されます。

ですから、集団に属する人々への教育の内容や洗脳装置が変われば、その集団の「性格」も変化します。

なお、**日本人の「国民性」としては、よく「礼儀正しい」「秩序を重視する」「従順**

**である」「他人の目を気にする」「白黒をはっきりさせない」「自己主張をしない」「生真面目である」などが挙げられますが、そこには儒教の影響が強く表れています。**

このように書くと、「そんなはずはない。儒教なんて、倫理の授業でちょっと勉強しただけだ」と思う人もいるかもしれませんが、実は儒教の思想は、巧みに姿を隠しながら、さまざまな形で、日本人を洗脳し続けているのです。

儒教は、中国の孔子（前５５１〜前４７９年）を開祖とする宗教・思想です。

儒教では、規範（礼）による秩序が守られ、徳をもった支配者が治める社会を理想とし、人間が「仁」（人を思いやること）、「義」（なすべきことをすること）、「礼」（仁を体現すること）、「智」（学問に励むこと）、「信」（約束を守ること）の五つの徳性（五常《ごじょう》）を守り広め、「父子の親」「君臣の義」「長幼の序」「夫婦の別」「朋友の信」の五つの関係性（五倫《ごりん》）を維持することが大事であるとされています。

また、儒教の中核には祖先崇拝という信仰心があり、先祖を敬い、子が親に尽くすこと（孝）、目下の者が目上の者を敬うこと（忠）なども重視されています。

このように、儒教はピラミッド型の支配体制や社会秩序の維持に価値を置いており、支配者側にとっては非常に都合のいい思想であるといえます。

そして日本では、儒教の思想は、まず仏教に混ざって広がっていきました。

仏教は、インドの釈迦《しゃか》を開祖とする宗教・思想です。

釈迦が生まれた紀元前5世紀頃のインドでは、バラモン教が広く浸透しており、「前世で悪いことをすると、賤民《せんみん》に生まれ変わる」「賤民の子は賤民である」という差別思想に基づいた、司祭階級のバラモンを中心とする厳格な階級制度（カースト制度）の大枠が確立されていました。

釈迦はこれに反発し、輪廻や前世、カルマ（前世の業）、そして霊魂の存在を否定しています。

やがて仏教は中国に伝わりましたが、こうした仏教の死生観は、祖先の霊を崇拝する儒教の信仰心とは相容《あいい》れませんでしたし、出家を修行の前提とする仏教の考えも、中国では「子孫を残さないのは、先祖に対する大きな不孝である」との反発を呼びました。

そのため、中国において、仏教は儒教文化によって徹底的に変容され、釈迦の本来の思想にはなかった先祖崇拝の考えなどが付け加えられました。

この儒教化された仏教を採りいれたのが、朝鮮であり、日本です。「先祖の霊が宿る位牌に手を合わせる」「定期的に墓参りをする」といった先祖崇拝の習慣は、儒教の価値観やしきたりからきているのです。

一方、仏教とは別に、体系化された儒教自体も5世紀前後には日本に伝わっていましたが、日本において初めて儒教を積極的に利用したのが、徳川家康です。

家康は、特に武士などの支配者層に対し、儒教を学ぶよう奨励しました。儒教の思想によって洗脳することで、家臣に主君への絶対服従を誓わせ、身分制度の固定化を図り、徳川幕府を頂点とする封建制度を確固たるものにしたのです。

さらに、檀家《だんか》制度（寺請《てらうけ》制度）が始まったのも、江戸時代の初めです。

檀家制度とは、「身分を問わず、すべての人が特定の仏教寺院の檀家となり、寺院は彼らが檀家であるという証文を発行する」というものです。

そもそもの目的はキリスト教弾圧でしたが、これによって仏教が事実上の「国教」となり、国民全員が仏教徒となりました。

つまり、江戸時代においては、支配者層に対しては儒教教育によって、被支配者層には儒教化した仏教を通して、儒教思想の摺り込みが行われたのです。

## 日本人の「国民性」は、儒教によって作られた

**Point**

- 日本人の「礼儀正しさ」「謙虚さ」「従順さ」は、儒教の影響が大きい。
- 儒教の教えは日本において、国民支配に利用されてきた。

## 日本人の奴隷化計画に使われた、儒教思想

儒教思想を用いた国家体制の維持、人々に対する洗脳がさらに進んだのは、明治維新以降です。

明治維新は「封建制度の終わり」でもなければ、「近代化の始まり」でもありません。

江戸幕府による日本型封建制度が、薩長を主体とした新政府による西洋型封建制度に変わっただけのことです。

しかも、幕府軍と薩長連合の戦い（戊《ぼ》辰《しん》戦争）において、幕府軍にはフランス政府が、薩長連合には大英帝国が資金を提供していました（さらに言うと、当時破産状態にあった仏・英の両政府に資金を提供したのは、ロスチャイルド家でした）。

戊辰戦争は薩長連合の勝利に終わりましたが、このときから明治新政府を介在した、外国勢力による日本人の西洋化計画が始まったのです。

さて、西洋化計画の中でも、特に重要だったのは、西洋型の宗教作りでした。宗教ほど強力な洗脳装置はなく、宗教と結びつくことで、教育の効果は最大限に発揮されるからです。

一方で明治政府は、一神教の性格を持ち合わせた宗教を作る必要性も感じていました。

古来、八百万《やおよろず》の神と共に生きてきた日本人は、キリスト教やユダヤ教などの信者と違って「唯一絶対神」という観念を持っておらず、そのままでは西洋諸国からの理解や信頼を得られないと考えたからです。

そこで、幕末から「尊王論」によって神格化されていた天皇が「現人神《あらひとがみ》」とされ、国家神道が作られたのです。
もちろん、その背景には「新たな宗教を明治政府に作らせ、頂点＝一神教的な神の役割（もしくは、キリスト教におけるローマ法王の役割）を天皇に担わせた支配システムを確立すれば、日本人を容易にコントロールできる」という外国勢力の思惑もありました。

こうして、国家神道を軸に、父系の血族集団としての天皇家を中心とした国家体制が確立され、大英帝国にならった大日本帝国が成立し、それまで藩ごとに異なる文化を持っていた日本人は、初めて国家によって束ねられることとなりました。

**明治政府は、国家への帰属意識や愛国心を抱かせるため、義務教育やメディア（新聞）によって国民を洗脳し、一体感を作りだしたのです。**

なお、江戸時代まで一神教的な「宗教」の概念を持ち合わせていなかった日本人に、国家神道が簡単に浸透したのは、明治政府が儒教をたくみに利用したからでした。

それがもっとも端的に表れているのが、**「教育ニ関スル勅語」（教育勅語）**です。教育勅語は、儒教に基づいた徳目を並べ立て、それを明治天皇が国民に語りかけるという形で発表されました。

「孝」や「忠」などを重んじる儒教の思想を一神教的な宗教と結びつけることで神聖化し、**「神の言っていることは絶対だ」「盲目的に信じることが唯一正しいことである」**と国民に思わせるようにしたのです。

以後、教育勅語は、国家神道の教義的な役割を担うようになり、儒教思想は、今度はイギリス型の帝国主義思想や国家神道と混ざり合いながら、日本人のブリーフシステムとなりました。

天皇家は聖徳太子の時代から仏教を庇護し、皇族が住職を務める門跡寺院は平安時代から江戸時代まで続いていたにもかかわらず、廃仏毀釈の名の下に明治天皇に語らせる形で、日本に儒教に基づく帝国主義が明治に生まれたのです。その後の日本は戦争の道を歩み続けます。

## 日本人の奴隷化計画に使われた、儒教思想

Point

- 「秩序」を重んじる儒教思想は、支配者層にとって都合の良い道具。
- 日本政府は、「教育勅語」によって儒教をたくみに利用して国民を支配した。

## 占領軍による、「アメリカ主義」のブリーフシステム化

しかし、明治政府の背後にいた外国勢力による、日本人の奴隷化計画は、成功しすぎました。

天皇を頂点とする一神教支配システムは、儒教思想と相まって、イギリスが想定した以上の結果をもたらし、「天皇のためなら命も惜しまない」という優秀すぎる「国民」をたくさん生み出してしまったのです。

やがて日本人は、天皇の名のもとに国力増強に励み、世界の一員として急激に台頭し、東アジアを侵略するようになり、それに対する「お仕置き」として、第二次世界大戦が仕掛けられました。

敗戦後、今度はＧＨＱ（連合国最高司令官総司令部）による、日本人へのブリーフシステム書き込みが始まりました。

アメリカの著名な催眠学者であり洗脳の専門家でもあるアーネスト・ヒルガード（1904〜2001年）が、日本の非軍事化の教育に関わっていることからも、GHQに「日本人を洗脳する」意図があったことは明らかです。

GHQは約7年間に及ぶ占領の間に、徹底した検閲と洗脳を行って情報と思想を統制し、日本人に「アメリカ資本主義的な価値観が唯一正しい」という思考パターンを植えつける工作をしました。

**そうした洗脳が比較的スムーズに行われ、成功したのも、儒教思想による洗脳・奴隷化というベースがあったためでしょう。**

ちなみに、国家神道を政府から分離し、貴族や華族たちの特権を剥奪《はくだつ》して封建制度を廃止したGHQが、**天皇をお咎めなしとしたのは、天皇を頂点とした旧来のシステムが、日本人を支配するうえで都合が良かったからです。**

これにより、日本人の中に摺り込まれた儒教思想も、そのまま残されることとなりました。

敗戦によって、日本が軍国主義から民主主義に変わったわけではありません。

**イギリス型帝国主義からアメリカ型資本主義に変わり、「神」が天皇から「お金」に変わり、「お国のため」が「お金のため」に変わっただけなのです。**

## 占領軍による、「アメリカ主義」のブリーフシステム化

Point

- GHQによる日本人の洗脳がスムーズだったのは、儒教のおかげ。
- 敗戦により、日本人の価値観が、「お国のために」から「お金のために」に変わった。

## 日本の地理的条件が育んだ、日本人の従順さ

なお、儒教思想と並んで、昔から、日本人の「国民性」に大きな影響を与えているものがあります。

それは、日本の地理的な条件と、そこから生まれた、人々の**「相互監視システム」**です。

日本は、国土の約60パーセントが山地で、河川も多く、集落と集落が分断されがちです。

自動車が普及する前は、体力のある若者以外は、集落間の往来が困難な場所も多かったでしょう。

しかも江戸時代、日本はいくつもの藩に分かれており、藩を越えての移動には制限が加えられていました。

集落間の行き来が少なければ、当然のことながら、同じ集落内の人間関係は濃密になりますし、よその集落の人と話す機会が少なければ、各集落内で異なる方言も生まれやすくなります。

ちなみに、方言発生のメカニズムを調べた、あるコンピュータ・シミュレーションによると、集落のメンバーの30パーセントが、その集落にとどまり続けると、方言が発生するとの結果が出たそうです。

実際、日本は国土の大きさの割に、また人種的に均質性が高い割に、方言が多岐にわたっています。

方言、すなわち言語を共有するということは、共通の文化的基盤を持つということであり、各集落内の人間関係は、さらに濃密になります。

しかしそれは、一方では、方言や文化を共有しないほかの集落との断絶が大きくなり、集落から集落への移動が、心理的にも困難になるということでもあります。

つまり、あるコミュニティに属している人間は、そのコミュニティから追い出されてしまうと、生きていくことが難しくなります。

そのような環境下におかれ続けると、人は自分の生活や生命を守るため、「村八分」にならないよう、常に他人の目を気にして行動するようになります。

実際には誰も自分のことなど気にかけていないとしても、**「見られているかもしれない」「何かおかしなことをしたら、村八分にされてしまうかもしれない」**という恐怖の感情に支配され、必要以上に自分の行動を抑制してしまうのです。

また、日ごろから他人の目を気にして、我慢して生きることを自分に強《し》いている人間は、他人が自由にふるまうことが許せなくなり、他人を厳しく監視し、「抜け駆け」する人間の足を引っ張るようになります。

こうして「相互監視システム」はどんどん拡大・強化され、人はますます**「空気を**

読んで行動しよう」「目立たないようにしよう」「上の言うこと、周りの言うことには逆らわないようにしよう」と考えるようになります。

日本人の「国民性」としてよく挙げられる「秩序の重視」「従順さ」「集団主義」などは、儒教思想の影響に加え、このような環境的条件によって育《はぐく》まれたものでもあるのです。

## 日本の地理的条件が育んだ、日本人の従順さ

Point

- 集落の「相互監視システム」が、日本人の国民性をつくった。
- 「村八分にされるかもしれない」という恐怖は、人間の性質を抑制的にする。

## 日本人の「国民性」の光と影

これまでお話ししてきたように、儒教思想による教育と、日本の地理的な条件は、日本人の認識のパターンや行動の傾向、すなわち「国民性」にさまざまな影響を与えています。

そして、物事には常に光と影、プラスの側面とマイナスの側面があります。

たとえば、東日本大震災の後、日本人の「モラルの高さ」が、海外で話題になったことがありました。

地震や津波によって大きな被害を受け、ライフラインが断たれ、食料等が不足していたにもかかわらず、略奪や暴動がほとんど起きなかったからです。

これを美談とする向きもありますが、私は、日本人の**「秩序を重んじる」「従順さ」「他人の目を気にする」**という「国民性」が、むしろマイナスに作用した結果だと思っています。

生命が危険にさらされている状況では、食料や生活必需品を近隣の商店から取ってくるというのも、ときには必要であり、法律上も「緊急避難」として免責されることがあります。

被災者の中には、体力のない乳幼児や老人もいたはずですが、非常事態においても「お金を払わずに商品を取るのはいけないことだ」という規律が生命よりも優先されるというのは、やはり行き過ぎであり、「自分たちの命を守る能力が欠如している」という見方もできるでしょう。

また、度重なる増税や政官による税金の私物化、福祉政策の遅れ、経済格差の拡大、十分な議論も行われないままの強行採決といった権力者たちのやりたい放題に対し、日本人が立ち上がる気配がまったくありません。

戦後、GHQがとった施策の一つに、「3S政策」（大衆を、スクリーン＝映画、スポーツ＝プロスポーツ、セックス＝性産業に熱中させ、政治に関心を向けさせないようにする）という愚民政策があったといわれています。

日本人の政治への無関心さ、権力に対するあまりの無抵抗ぶりは、そんなアメリカ型資本主義・個人主義による洗脳の成果であるといえますが、同時に、明治維新後の儒教思想による洗脳が、世代を超えて継承されているという証でもあると、私は思います。

実際、江戸時代までは「一揆」「打ちこわし」など、権力に対する民衆蜂起がしばしばありましたが、外国勢力および明治政府による「奴隷化」が進んでから現在に至るまで、政府が本格的に対応せざるをえなくなるような大規模な動きは、一度も起きていません。

強いて挙げるなら、せいぜい学生による安保闘争くらいでしょうか。

「お上」から何をされても、せいぜい愚痴を言う程度で、怒らず反抗しないというのは、まさに奴隷です。

**「秩序を守る」「上の言うこと、周りの言うことに従う」といったブリーフシステムに従って生きることがコンフォート・ゾーンになってしまっており、理不尽な支配や権力に抗ったり、自分たちの命を守ったりするための行動が、スコトーマに隠れて見えなくなってしまっている。**

それが、明治維新以降の日本人の姿であり、物理的に拘束されていなくても、精神的には非常に不自由な状態で生きているといえるでしょう。

## 日本人の「国民性」の光と影

Point

- 「秩序を重んじる」「従順さ」などは、美点でもあり、欠点でもある。
- それらがコンフォート・ゾーンになってしまっていて、日本人は理不尽な支配への抵抗や、危機における自己防衛などができなくなっている。

## 「優柔不断」「自己主張しない」は、むしろ美徳

逆に、日本人の「国民性」の中には、「美徳」と思われるものもたくさんあります。

たとえば、日本人は、よく**「白黒をはっきりつけたがらない」「優柔不断である」**と批判されがちです。

たしかに、「イエス／ノー」が比較的はっきりしている欧米や大陸の人たちからすると、何事にもあいまいで、自分の意見をはっきり言わない日本人は「何を考えているのかよくわからない」と思ってしまうのかもしれません。

ちなみに、日本人が優柔不断な行動をとりがちな理由としては、まず「日本が島国である」ことが挙げられます。

古来、日本には、外部からいろいろなものが持ち込まれてきました。学問や知識であれ、宗教や文化であれ、珍しい品物であれ、さまざまな人が、さまざまな国からさまざまなものを運び込んできたのです。

ところが、なにせ見たこともないもの、知らないものばかりで、よその国の事情もよくわかっていないため、それらの「良し悪し」をすぐに評価することができません。中には、取り入れたり使ってみたりしたら意外とよかった、というものもたくさんありました。

このような背景から、**何事に対してもすぐに評価を下さず、全面的に受け入れるでも全面的に拒否するでもなく、何となくやんわりと受け入れる**という、思考や行動の傾向が生まれたのではないかと、私は思います。

日本人の優柔不断さの原因としては、ほかに、明治維新から終戦後までの一時期を除き、「宗教（一神教）による教育」を受けてこなかったことも、挙げられるかもしれません。

キリスト教やユダヤ教、イスラム教など、一神教が支配する世界においては、神は「唯一絶対的に正しい存在」であるとされています。

そこに、揺らぐことのない「善」の基準があり、神が「良い」と言っていること（実際には神ではなく、支配者や宗教の創始者などが勝手に決めているのですが）が絶対的に正しい、という価値観があります。

しかし、古来「八百万の神」と親しんできた多神教の日本人には、「善」と「悪」を分ける明確な基準が存在しません。

そして、日本人がもっとも気にする「他人の目」は、とても相対的で移り変わりやすく、「お上」の言うこともしばしば変わります。

絶対的な価値基準を持っていなければ、何かにつけ、迷ったり悩んだりするのも当然のことであるといえるでしょう。

ただ、そもそも漢字からして「優しく」「柔らかい」と書くぐらいですから、優柔不断は決して悪いことではありません。

思考の抽象度を高めていけば、この世の中に「絶対正しい」「絶対に良い」と言い切れるものは何一つないことがわかります。

むしろ、どちらが良い、どちらが正しい、などと簡単に決められてしまう方がよほど危険で怖いことだといえるでしょう。

**優柔不断であるということは抽象度が高い証であり、成熟の証でもあるのです。**

なお、「自己主張をしない」「引っ込み思案」というのも、日本人らしい行動特性です。

もちろんそれも良し悪しではあり、「事なかれ主義」「自分自身が損するだけ」と批判することもできますが、私は、**「自己主張しない」「引っ込み思案」というのは、美徳である**と思っています。

ちなみに、こうした日本人の思考や行動の傾向は、日本語という言語にも如実に反映されています。

たとえば英語は、主語の後にすぐ述語が続き、結論（どう判断しどう行動したか、肯定か否定か）がすぐにわかりますが、日本語は最後まで聞かないと、動詞と結論がわかりません。

また、英語では必ず主語が必要ですが、日本語では「私は」「私が」という主語は省かれがちです。

**日本語は、「私」を前面に出さなくても成り立つようにできているのです。**

明治維新後、日本は明治政府の背後にいた外国勢力の思惑により、一時的に一神教国家となり、帝国主義化しましたが、「一神教」という価値観、「帝国主義」という利己的な発想は、そもそも日本人には合わないものだったといえるでしょう。

## 「優柔不断」「自己主張しない」は、むしろ美徳

Point

- 「優柔不断」であることは、成熟の証。
- 「自己主張しない」「引っ込み思案」は、利他的であり、人間の美徳である。
- 日本語は「私」を前面に押し出さなくても成り立つようにできている。

## 「他人のため」という視点をもって生きる

これまで見てきたように、儒教思想は、特に明治維新以降、日本人を奴隷化させた一番の「戦犯」であるといえます。

**日本人が「権力者に理不尽なことをされても逆らわず受け入れる」「自分の命よりも秩序やルールを優先する」といった行動をとりがちなのは、仏教や道徳教育、家庭でのしつけなどを通して日本人の脳に作られた、儒教思想に則《のっと》ったブリーフシステムによるものだからです。**

ただ、儒教の影響を受けていると思われる日本人の「国民性」のうち、やはり私が美徳だと思うものがもう一つあります。

それは**「利他的である」**という点です。

もちろん、儒教思想の影響だけでなく、「集落内の人間関係が濃密な分、自分の利益ではなく、集落全体の調和や利益を優先させる必要があった」などの理由もあるかもしれませんが、いずれにしろ、日本人は「他人のため」に行動する傾向が強いといえるかもしれません。

もちろん、そうした気持ちが支配者に都合よく利用されていたこともあり、一概に「是」とすることはできませんが、かつては日本人の多くが「お国のために」といった思いを抱いて生きており、高度成長期でさえ「会社のために働く」「社会のために働く」という意識を持って働いていた会社員はたくさんいたはずです。

ところが近年、アメリカ型個人主義の傾向が強まり、儒教思想の影響が弱まってきたのか、自分（および自分の家族）のためだけに生き、自分のためだけに働くという人が、急激に増えている気がします。

このような時代は、日本の歴史の中で、おそらく初めてのことであり、少々残念なことだと、私は思います。

たしかに、他者によって作られたブリーフシステムに縛られたまま、支配者の奴隷となって人生を終えるのは、幸せなことではありません。

しかし一方で、自分のことばかり考え、自分のためだけに生きるのも、やはり幸せなことではありません。


なぜなら、PART3でもお話ししたように、「他者の幸せを自分の幸せにできる」ことこそが、抽象度の高い思考ができる人間にとっての、本当の幸せだと思われるからです。

そしてこれは、「自分の成仏を求めるためには、まず一切の衆生を救いたいという菩薩の心を起こすことが大事である」という、大乗仏教の考え方にも通じます。


想像してみてください。

みんなが、自分のために生きている社会。

みんなが、他人のために生きている社会。

あなたは、どちらの方に、より幸せを感じるでしょうか。


何も知らずに、ただ他人に縛られ、支配され、振り回されるのではなく、まず、自分の思考や行動のパターンが、何によって規定されているのかを、しっかりと見極めること。

あらためて自分にとって本当にやりたいこと、自分にとっての「本当の幸せ」は何かを考えること。

そのうえで、「相手が喜ぶなら、振り回されてあげよう」「相手の幸せのために、自分が犠牲になろう」と思うことがあったなら、ときにはそうした気持ちに従うのもいいでしょう。


**自分の人生の手綱は決して他人に渡さず、しっかりと自分でコントロールしながらも、利他の精神を失わない。**

それが、この社会を強く優しく生き抜いていくうえで、もっとも大切なことではないでしょうか。

## 「他人のため」という視点をもって生きる

**Point**

- 他者によって縛られた人生は幸せではない。しかし自分のためだけに生きることも、幸せとは言えない。
- 誰かのために、「振り回されてあげよう」という気持ちも大事。

# おわりに

本書では「性格」を切り口に、私たちの選択や行動が、いかに脳の前頭前野にあるブリーフシステムによって規定されているか、社会が私たちに、いかにさまざまなやり方で教育・洗脳を行っているかをお伝えしてきました。

「自分の性格」だと思い込んでいたものが、過去の記憶から自分が勝手に作りだした自己イメージにすぎないこと。

人は、過去の選択や行動の一部だけをもとに、しかも勝手な基準に則《のっと》って、相手の「性格」を評価していること。

そこに気づくことで、あなたの人生は大きく変わるはずです。

自分自身とのつきあい方や、他人への接し方が違ってくるでしょうし、自分の性格について悩んだり、性格を理由に、何かをあきらめたりすることもなくなるでしょう。

また、「性格」という幻想に目くらましされず、自分がどうありたいか、自分が何をしたいかを真剣に考え、ＰＡＲＴ３でご紹介した方法で人生のゴールを設定することができれば、今までとはまったく違った景色が見えてくるでしょう。

そのときあなたはようやく、知らず知らずのうちに自分を縛っていた思い込みや先入観、過去などから解き放たれ、真に自分らしい人生を歩むことができるようになります。

「性格」の正体を知ることは、人がより自由に生き、本当の幸せを手に入れることにつながります。

本書がみなさんにとって、そのきっかけとなることを、私は心から願っています。

苫米地英人（とまべち・ひでと）

1959年、東京生まれ。認知科学者（機能脳科学、計算言語学、認知心理学、分析哲学）。計算機科学者（計算機科学、離散数理、人工知能）。1993年カーネギーメロン大学博士（Ph.D.）、同CyLab(サイバーセキュリティ・プライバシー研究所)兼任フェロー、株式会社ドクター苫米地ワークス代表、コグニティブリサーチラボ株式会社CEO、角川春樹事務所顧問、中国南開大学客座教授、ロシア極東連邦大学客員教授、米国公益法人The Better World Foundation日本代表、米国教育機関TPIジャパン日本代表、天台宗ハワイ別院国際部長、公益社団法人自由報道協会会長。

マサチューセッツ大学を経て上智大学外国語学部英語学科卒業後、三菱地所へ入社。２年間の財務担当勤務を経て、フルブライト留学生としてイエール大学大学院に留学、人工知能の父と呼ばれるロジャー・シャンクに学ぶ。同認知科学研究所、同人工知能研究所を経て、コンピュータ科学の分野で世界最高峰と呼ばれるカーネギーメロン大学大学院哲学科計算言語学研究科に転入。全米で４人目、日本人としては初の計算言語学の博士号を取得。帰国後、徳島大学助教授、ジャストシステム基礎研究所所長、同ピッツバーグ研究所取締役、ジャストシステム基礎研究所・ハーバード大学医学部マサチューセッツ総合病院NMRセンター合同プロジェクト日本側代表研究者として、日本初の脳機能研究プロジェクトを立ち上げる。通商産業省情報処理振興審議会専門委員なども歴任。現在は自己啓発の世界的権威、故ルー・タイス氏の顧問メンバーとして、米国認知科学の研究成果を盛り込んだ能力開発プログラム「PX2」「TPIE」などを日本向けにアレンジ。ルー・タイス氏との共同プログラムであるタイスコーチングと合わせて、日本、アジア地域、ロシア等における総責任者として普及に努めている。2015年イタリア王家「聖マウリツィオ・ラザロ騎士団」より、最高位大十字騎士の叙任、並びに「聖マウリツィオ・ラザロ騎士団大十字騎士勲章」を授与される。著書に『いい習慣が脳を変える 健康・仕事・お金・IQ すべて手に入る!』（KADOKAWA）、『真説・国防論』（TAC出版）、『苫米地式 聴くだけで脳からストレスが消えるCDブック』（イーストプレス）など多数。TOKYO MXで放送中の「バラいろダンディ」（21時～）で隔週月曜コメンテーターを務める。

●苫米地英人 公式サイトhttp://www.hidetotomabechi.com/
●ドクター苫米地ブログhttp://www.tomabechi.jp/
●Twitter http://twitter.com/drtomabechi (@DrTomabechi)
●PX2についてはhttp://bwf.or.jp/
●TPIEについてはhttp://tpijapan.co.jp/
●携帯公式サイトhttp://dr-tomabechi.jp/

ブックデザイン　菊池　祐
イラスト　堀　道広
DTP　荒木香樹
構　成　村本篤信

「性格《せいかく》」のカラクリ
“イヤな他人《たにん》”も“ダメな自分《じぶん》”も一瞬《いっしゅん》で変《か》えられる

2019年2月14日　発　行　NDC140

著　者　苫米地英人《とまべちひでと》
発行者　小川雄一
発行所　株式会社 誠文堂新光社
〒113-0033　東京都文京区本郷3-3-11
（編集）電話 03-5800-5753
（販売）電話 03-5800-5780
URL http://www.seibundo-shinkosha.net/
印刷所　星野精版印刷 株式会社
製本所　和光堂 株式会社



ISBN978-4-416-51875-5